USAGES

ET

RÈGLEMENTS LOCAUX

DES

DEUX CANTONS D'AVIGNON

RECUEILLIS ET COMMENTÉS

PAR ÉMILE BENOIT

Avocat, juge suppléant au Tribunal de première instance d'Avignon

---

NOUVELLE ÉDITION

REVUE ET CORRIGÉE

Prix : 1 fr. 50 c.

UNGUIBUS ET ROSTRO

AVIGNON

FR. SEGUIN AÎNÉ, IMPRIMEUR-LIBRAIRE

13, Rue Bouquerie, 13

M DCCC LXXVI

USAGES

ET

RÈGLEMENTS LOCAUX

D'AVIGNON

Boni usus et bonæ consuetudines Civitatis Ave-
nionensis firmi et firmæ perpetuo permane-
bunt.

*(Convention du 7 mai 1251 passée entre la ville
d'Avignon, d'une part ; et les Seigneurs de la
Cité, Alphonse de Poitiers, Comte de Tou-
louse, Charles d'Anjou, Comte de Provence,
d'autre part.)*

USAGES

ET

RÈGLEMENTS LOCAUX

Prolégomènes

L'unité de législation dont la France jouit a été la réalisation d'une grande et noble idée : celle de régler d'une manière identique et uniforme nos droits et nos devoirs. Mais, comme l'a dit avec raison Montesquieu, en parlant de ces *idées d'uniformité qui saisissent quelquefois les grands esprits* : « Les mêmes « lois dans l'État !.. Cela est-il toujours à « propos sans exception ?... La grandeur du « génie ne consisterait-elle pas mieux à sa- « voir dans quels cas il faut de l'unifor- « mité et dans quels cas il faut des différen- « ces ? » (1).

S'il est une matière qui en exige, c'est assurément celle qui tient aux besoins, aux mœurs, aux habitudes des populations et à la diversité du sol. L'uniformité ne signifie pas toujours et partout amélioration ; il est mê-

_____

(1) Esprit des Lois. *Livre XXIX, chap. 18.*

me des cas où l'uniformité s'éloignerait trop
de la justice, qui est le but principal des lois,
et serait une innovation périlleuse pour ce
grand nombre de localités qui ont conservé
des coutumes, des règlements, des usages
nécessaires à l'exercice de plusieurs droits de
propriété.

Aussi, il faut le reconnaître, quelque sé-
duisante que paraisse l'idée de tout régir par
une seule et même loi, cette idée n'a point
prévalu dans la confection de notre Code
civil. Le législateur, pénétré du danger qu'il
y avait à imposer pour certaines matières
une règle fixe, générale et uniforme, a, dans
sa sagesse, maintenu et par cela même consacré les usages et les règlements établis dans
chacune des diverses localités de la France.

C'est pourtant une opinion assez répandue
dans le public que la législation qui nous
gouverne ne remonte pas au delà de 1789, et
que nous avons rompu sans retour avec le droit
antérieur ; on semble croire que les Assem-
blées fameuses qui établirent alors le gou-
vernement sur de nouvelles bases, renversè-
rent le monument législatif tout entier ,
anéantirent les anciennes institutions et les
coutumes, sans aucune exception, et rebâti-
rent à nouveau, sur ces vastes ruines, l'édifice

de nos lois. C'est là une erreur : car, il est certain qu'une foule de matières civiles, commerciales, administratives et de police sont régies, en tout ou en partie, par les lois, ordonnances, règlements et usages anciens, et que les législateurs modernes n'ont rien trouvé de mieux à faire que de sanctionner par leur approbation, expresse ou tacite, l'œuvre de leurs devanciers.

Au surplus, si toutes les lois qui régissaient autrefois en France la famille, la propriété et les contrats ont été révisées, refondues et améliorées dans le Code civil, il importe de remarquer, néanmoins, qu'en opérant la fusion des idées anciennes avec celles de la Révolution, le législateur s'en est rapporté, sur plusieurs points, aux règlements et usages locaux, « renonçant ainsi par nécessité au bénéfice de l'uniformité dans une matière qui ne la comportait pas. » (1).

Un grand nombre de nos départements ont vu ces règlements et usages locaux recueillis avec soin, constatés par écrit et publiés ; rien de semblable n'a jamais été accompli chez nous. On comprend cependant de quelle utilité (pour ne pas dire *nécessité*) serait pour

(1) Exposé des motifs du titre IV livre 2. du code civil par le conseiller d'Etat Berlier.

tous un ouvrage, consciencieusement exécuté, qui embrasserait tous les règlements et usages locaux ayant encore force de loi dans les divers arrondissements et cantons de Vaucluse. (1).

(1) En 1844, M. le ministre de l'intérieur, par une circulaire en date du 26 juillet, appela sur cet objet l'attention et l'examen de tous les conseils généraux. Après avoir indiqué les principaux articles du Code qui donnent à l'usage force de loi, M. le ministre s'exprimait ainsi : « L'énumération de ces cas prin- « cipaux suffit pour que l'on comprenne de quelle « utilité serait dans chaque département un recueil « des usages, formé avec soin et revu par toutes les « personnes de la localité les mieux instruites et les « plus compétentes. On ne saurait sans doute l'im- « poser comme loi, mais les autorités aussi bien que « les particuliers y puiseraient journellement des « renseignements indispensables, et par degrés, on « parviendrait à rectifier et même à fixer d'une ma- « nière authentique des usages parfois contradictoires « et souvent mal connus ; au moins ces documents « seraient d'une très-grande importance pour l'éla- « boration d'un code rural, demandé par le plus « grand nombre des Conseils de département. »

Il est bon de faire remarquer ici que la France n'a pas à, proprement parler, de code rural pour répondre d'une manière complète aux besoins de l'agriculture. Divers projets de code rural ont, à différentes époques depuis 1806, été élaborés mais n'ont point encore abouti. Les intérêts agricoles sont protégés par la loi du 28 septembre — 6 octobre 1791 qui détermine les droits et les devoirs des proprié- taires ruraux, soit dans leurs rapports privés, soit dans leurs rapports avec la société. Cette loi insuffi-

Sans avoir la prétention d'accomplir cette œuvre, — que je laisse à une plume plus savante que la mienne, — mon but est, dans ces notes sommaires, de faire connaître seulement les principaux usages du territoire de la ville d'Avignon, et de présenter dans un ordre méthodique ces questions d'un aussi minime intérêt en apparence, et en réalité d'un application si usuelle et souvent si difficile. En rapportant l'usage constant et reconnu chez nous, je n'aurais fait que répéter ce que chacun constate journellement et mettre certains principes de nos lois en harmonie avec les uságes auxquels elles renvoient expressément.

En effet, si nous ouvrons le Code civil, nous y voyons que l'exploitation des carrières à ciel ouvert (art. 544 et loi du 21 avril 1810), l'usufruit des bois (art. 590, 593) ; l'usage des eaux courantes (art 644, 645); la hauteur des clôtures dans les villes et faubourgs (art. 663); les distances à garder entre les héritages pour les plantations d'arbres de haute tige (art. 671), les construc-

sante et provisoire a posé les principes fondamentaux de l'agriculture ; elle forme, avec quelques dispositions ultérieures et les articles 444 et suivants, 471, 475 du Code pénal, notre législation rurale proprement dite.

tions susceptibles par leur nature de nuire au voisin (art. 674), les délais à observer pour les congés des locations et les payements des sous-locations (art. 1736, 1738, 1753, 1758, 1759), les réparations locatives ou de menu entretien (art. 1754, 1755), les obligations des fermiers entrants et sortants (art. 1777), ont généralement pour règle l'usage des lieux, les règlements particuliers, les coutumes; de même la loi du 28 sept. — 6 octobre 1791, qui régit la police rurale, renvoie pour ce qui concerne le glanage, la vaine pâture, le parcours, à l'usage local immémorial et aux coutumes; de même encore, la loi du 14 floréal an XI, subordonne aux anciens règlements et aux usages locaux la direction des travaux qui ont pour objet le curage des canaux et rivières non navigables et l'entretien des ouvrages d'art qui y correspondent.

Avant de parcourir les divers cas que nous venons d'énumérer, il ne sera pas inutile de rappeler d'abord quelques détails historiques, ensuite de déterminer l'origine des usages et les caractères qu'ils doivent avoir.

Le territoire qui forme aujourd'hui la majeure partie du département de Vaucluse fut, durant cinq siècles, divisé en deux États qui, quoique soumis au seul pouvoir pontifical, étaient cependant régis par des lois particulières et pourvus d'institutions différentes. Le premier État ne comprenait que la ville d'Avignon et le territoire suburbain ; le représentant du Souverain Pontife y résidait et se nommait Légat ou Vice-Légat. Le second État formait le Comté Venaissin proprement dit ou simplement le Comtat ; il était administré par un Recteur et avait Carpentras pour chef-lieu. Le Vice-Légat et le Recteur étaient placés au sommet de la hiérarchie judiciaire.

La ville d'Avignon et son territoire ont donc formé un État particulier, distinct du Comtat Venaissin, jusqu'au moment de la réunion du pays entier à la France, réunion qui fut décrétée le 14 septembre 1791, par l'Assemblée Constituante.

A cette époque, le département de Vaucluse fut formé : 1° de l'État d'Avignon et du Comtat (dont quelques communes furent jointes à la Drôme) ; 2° des trois paroisses de Bédarrides, Châteauneuf-Calcernier et Gigognan, sur lesquelles s'étendait la souveraineté temporelle des archevêques d'Avignon, et de quelques-unes des terres adjacentes de Provence, comme Mondragon ; 3° du Comté de Sault et de la viguerie d'Apt, qui

dépendaient de la Provence, et 4° enfin de
la principauté d'Orange qui, depuis le traité
d'Utrecht (1713), était réunie à la France.

On chercherait donc en vain, sur ce territoire, aussi divisé jadis que peu étendu aujourd'hui comme département, un ensemble
de lois, d'institutions et de coutumes formant un tout homogène ; cette unité n'avait
pu se produire, même lorsque la province
pontificale embrassa Avignon et le Comtat
Venaissin.

L'État d'Avignon et le Comtat Venaissin
avaient chacun des statuts particuliers qui re-
montaient à 1154 et furent remaniés en 1243;
c'étaient de véritables codes qui, basés sur
le droit romain, formaient avec les bulles
des papes et les ordonnances des légats, vice-
légats et recteurs, une législation complète.

En parcourant nos statuts on est frappé
de la sagesse et du mérite de leurs prescriptions ; on est surpris de trouver d'aussi
bonnes règles d'administration et de police
dans des temps si éloignés de nous et qu'on
serait trop souvent porté à considérer comme
barbares. « Les Statuts d'Avignon, a dit
« M. Victor Faudon (1), sont écrits en latin

(1) *Essai sur les Institutions judiciaires, politiques
et municipales d'Avignon et du Comté Venaissin sous*

« avec une naïveté et une prolixité d'expres-
« sions que les traductions françaises ont
« fidèlement reproduites. Ces codes sont
« cependant précieux pour l'histoire des
« origines du droit dans le Midi de la France.
« Il est curieux de rechercher dans ces Statuts,
« comme dans ceux d'Arles et de Marseille,
« les premiers efforts de notre pays cher-
« chant à se donner une législation régulière
« et des institutions adaptées à ses besoins.
« D'ailleurs, si imparfaites qu'elles puissent
« être, nous n'étudions qu'avec respect nos
« anciennes lois, car nous y lisons bien des
« pages qu'on ne peut que louer. »

Avant donc la publication du Code civil,
la ville d'Avignon et son territoire étaient
régis par les lois romaines, dont les dispositions, tempérées par nos Statuts municipaux
et par des règlements de nos légats et vice-
légats, étaient, pour certaines matières, su-
bordonnées à des usages non écrits.

On désigne sous le nom d'*usages*, les règles introduites par les mœurs et la tradi-
tion, mais non rédigées par écrit, à la différence des coutumes proprement dites (1).

les Papes, par M. Victor Faudon, conseiller à la Cour
d'appel de Nîmes.
(1) _Dalloz._ V° _Lois_, 112.

L'usage est né des actes uniformes de plusieurs particuliers ; ces actes, publics, réitérés, tolérés par le législateur, ont servi et servent encore de règle à ceux qui n'y ont point eu de part.

L'usage, dit Merlin (1), se forme par la volonté tacite du peuple qui l'observe, avec la volonté tacite du législateur qui le laisse observer.

Remarquons que l'usage n'ôte rien à personne, n'exige ni titre, ni preuve de bonne foi (2), lie ceux mêmes qui ne le connaissent pas, enfin forme un droit pour tous indifféremment.

L'opinion de tous les légistes qui se sont occupés des usages, d'accord avec le bon sens, ne donne d'autorité aux usages que dans le cas où leur existence est reconnue d'une manière irréfragable ; qu'ils sont constants et ne se trouvent en opposition avec aucune loi ; qu'ils se sont introduits dans les mœurs ou les habitudes pour suppléer au silence de la loi et tenir lieu de la loi elle-même (3). Ce

(1) *Répertoire*. Vo *Usage*.
(2) A la différence de la prescription.
(3) Notons ici que l'usage, quelque général qu'il soit, ne peut abroger une disposition légale. (*Arrêts de la Cour de Paris du 1er mai 1848 et du 30 juillet 1853; — de la Cour de Cassation du 11 juillet 1855.*) Les

sont, pour employer les expressions de Domat, *des lois arbitraires dans des matières arbitraires.*

Interpréter la loi et la suppléer, tel est donc le double pouvoir qu'on a reconnu à l'usage, en le restreignant toutefois aux questions civiles. On comprend, en effet, qu'en matière criminelle, l'usage soit sans autorité, car les textes formels et précis sont seuls applicables pour caractériser un délit ou pour édicter une peine.

Ajoutons, pour finir ces considérations générales, que l'usage ne peut plus être prouvé aujourd'hui que par titres ou par témoins, et occupons-nous spécialement de nos usages locaux.

Question I

Quel est l'usage des propriétaires quant à l'aménagement des bois ? (articles 590, 593 du Code civil).

La première question que nous avons à nous poser est relative à l'aménagement des

usages anciens, *contraires au Code civil*, ne sont obligatoires pour les parties, qu'autant qu'elles s'y sont référées dans leurs conventions et leur ont ainsi donné la valeur d'une stipulation conventionnelle.

bois, dont le Code civil s'occupe au titre de l'*Usufruit*.

On appelle *aménagement* la division d'une forêt ou d'un bois, en coupes successives et la fixation de l'étendue ou de l'âge des coupes annuelles, dans l'intérêt de la conservation et de la consommation.

Il n'existe pas, dans le territoire d'Avignon, des bois susceptibles d'aménagement. Il y a cependant des bois d'aulnes, vulgairement appelés *aubes*, que l'on coupe tous les vingt ou vingt-cinq ans. Le système du balivage est employé comme moyen de renouvellement de ces bois, c'est-à-dire qu'à l'époque de la coupe certains plants ou baliveaux sont réservés pour servir à peupler le bois. On vend les aulnes par pied d'arbre, sur évaluation contradictoire entre les parties ; ils servent chez nous à la tonnellerie garancière et à la confection des sabots.

En outre, Avignon possède sur les bords du Rhône et de la Durance, et dans l'île de la Barthelasse, des plantations d'arbrisseaux et de petits osiers, dites oseraies ou vergantiè-

On allèguerait vainement que ces usages étant constamment suivis dans la localité où la convention a été passée, les contractants sont réputés s'y être conformés. (*Arrêt de la Cour de Cassation du 12 novembre 1856.*)

res, que l'on coupe chaque année depuis le mois d'octobre jusqu'à fin mars. On les vend à tant l'éminée, (soit 8 ares, 54 centiares).

On fait avec les saules de tête et les saules de plantation des chaises et des fagots à brûler; on les coupe tous les trois ans, en hiver, le bois ayant alors acquis une grosseur convenable.

Question II

Quels sont les usages relatifs au remplacement des arbres des pépinières ? (art. 590, § 2 du Code civil).

Il n'y a pas dans le territoire d'Avignon, de pépinières assez nombreuses ou assez importantes pour qu'il existe sur ce point des usages constants et reconnus.

L'usufruitier doit néanmoins jouir des pépinières que comprend son usufruit, comme en jouirait le propriétaire, agissant en bon père de famille. Ainsi, par exemple, la pépinière a-t-elle été établie pour spéculer sur la vente des plants ? L'usufruitier peut vendre les arbres en replantant un nombre de sujets égal au nombre vendu, soit sur le même terrain, soit sur un autre terrain convenablement préparé.

Mais, si la pépinière a été créée pour l'entretien du domaine, l'usufruitier devra transplanter les arbres, suivant les besoins de la propriété et les règles de l'agriculture, sans être obligé de les remplacer.

Question III

Quel est l'usage des propriétaires relativement aux échalas qui peuvent être pris dans les bois pour les vignes ? (art. 593, C. c.)

On ne se sert pas chez nous d'échalas pour les vignes, c'est dire assez que l'usufruitier n'aurait pas le droit d'en prendre dans les bois soumis à l'usufruit.

Question IV

Quels sont les arbres soumis à des émondages annuels ou périodiques, d'après l'article 593 du Code civil ?

L'usufruitier est tenu d'émonder annuellement tous les arbres soumis à la taille an-

nuelle, dans la propriété dont il a l'usufruit (1). Mais il importe de retenir qu'il y
a également chez nous des arbres fruitiers
qu'on laisse croître à haute tige et en plein
vent, auxquels on enlève seulement le bois
mort.

Le bois provenant de l'émondage appartient à l'usufruitier, mais il ne constitue réel-
lement un produit (annuel ou périodique),
que pour les arbres dits de rendement. Pour
ces arbres, — agrestes ou d'agrément, —
l'émondage fournit à l'usufruitier un véritable produit qui est perçu, à Avignon, d'après
l'usage suivant :

Les saules, les vergnes et les peupliers sont
émondés tous les trois ans, les ormes tous les
quatre ans. On élague toutes les branches
en laissant le jet principal, pour continuer la
tige de l'arbre. Cette opération se fait du
mois d'octobre au mois de février ; elle a lieu
au mois d'octobre, ou mieux fin septembre,
quand on veut profiter des feuilles pour
servir de pâture aux bestiaux, durant l'hiver.

On émonde généralement les platanes tous

---

(1) C'est là un devoir à lui imposé par sa qualité
même, qui l'oblige à administrer en bon père de famille.

les trois ans ; mais plusieurs propriétaires dérogent, pour leurs besoins particuliers, à cet usage, en n'élaguant que tous les quatre ans.

Quant aux osiers et aux roseaux ou cannes, qui servent à fabriquer des paniers et des claies, on les coupe annuellement, de même que tous les bois piquants et rampants, en ayant soin toutefois de ne pas les arracher. Cependant, relativement aux oseraies, nous devons faire remarquer qu'elles sont coupées tous les ans, aux mois de novembre, décembre et janvier, pour fabriquer les paniers bruns et les liens des cercles ; au mois de mars, c'est-à-dire à la séve montante, pour fabriquer les paniers blancs.

La vigne se taille chaque année, depuis octobre jusqu'à fin mars.

Quant aux oliviers et aux mûriers, l'usage est de les émonder tous les deux ans. L'époque la plus convenable, pour les mûriers, est celle qui suit la cueillette des feuilles, sans qu'on puisse, en aucune manière, dépasser la Saint-Jean (24 juin).

Question V

*Quelles sont, à Avignon, les charges répu-
tées charges des fruits ?*

L'article 608 du Code civil est ainsi conçu :
« L'usufruitier est tenu, pendant sa jouis-
« sance, de toutes les charges annuelles de
« de l'héritage, telles que les contributions
« et autres qui, dans l'usage, sont censées
« charges des fruits. »

Pour les biens ruraux, on considère chez
nous comme charges des fruits : — le curage
des fossés et des égouts, — la taille et l'élagage des arbres fruitiers et autres, — l'entretien de l'aire des granges, des murs de
soutènement et de clôture, — l'échenillage,
— le remplacement des arbres morts, — les
taxes ou redevances pour les arrosages et les
syndicats, — l'entretien des biefs, des chemins d'exploitation, des prises d'eau, des
norias, des ponts et berges des canaux d'arrosage, — les impositions pour l'entretien
annuel des digues et chaussées, sans que l'usufruitier soit soumis aux grosses réparations ou aux reconstructions, pour lesquelles il est fait un rôle extraordinaire.

Pour les maisons, toutes les réparations

locatives sont au nombre des charges des fruits, ainsi que le logement des troupes de passage, quand les casernes ne suffisent pas.

Question VI

Existe-t-il, pour le territoire d'Avignon, des règlements particuliers sur le cours et l'usage des eaux, soit antérieurs au Code civil, soit postérieurs ?

— La coutume règle-t-elle aussi cette matière ?

— Existe-t-il des règlements et usages relativement au curage des canaux et cours d'eau non navigables ? (art. 645 du Code civil, art. 1er de la loi du 14 floréal an XI),

Cette question est, sans contredit, la plus importante et la plus vaste de toutes celles qui font l'objet de notre travail.

Sous le rapport des eaux, le territoire d'Avignon est un des plus favorisés, et, malgré leurs inconvénients passagers, il faut reconnaître qu'elles procurent des avantages considérables à un pays desséché, comme le nôtre, par les ardeurs du soleil et par un vent désolant.

Il est peu de communes dans le Midi de la France où il n'existe des anciens règlements sur les eaux privées. Chez nous ces règlements émanaient des vice-légats ; aussi parmi leurs ordonnances, en trouve-t-on un grand nombre ayant pour but d'empêcher les usurpations continuelles, le mauvais usage et la perte des eaux du canal de la Durançole et du canal de Crillon au préjudice des arrosants : (1).

Le principe du règlement est dans la nature même des choses ; c'est pourquoi l'article

(1) En consultant le *Recueil de Massilian*, conservé au Musée-Calvet, on y trouve, relativement au canal de la Durançole, les règlements suivants : — du vice-légat Bardy, en date du 7 juin 1625 ; — du vice-légat Sanvitali, en date des 28 juin 1701 et 1704; —du vice-légat Doria, en date du 5 août 1707 ; — du vice-légat Salviati, en date du 18 janvier 1714; — du vice-légat d'Elci, en date du 31 mars 1728; —du vice-légat Bondelmonti, en date du 5 juin 1732 ; — du vice-légat d'Acquaviva, en date du 5 avril 1745; — du vice-légat Passionei, en date du 5 août 1755 ; — du pro-vice-légat Durini, en date du 12 juillet 1775.

Relativement au canal Crillon, on trouve : deux réglements du vice-légat Filomarino, en date du 10 avril 1782 et du 29 avril 1785, de plus une délibération du conseil de la ville d'Avignon du 7 août 1769, un arrêt du conseil du roi en date du 1er octobre 1769, et les lettres patentes d'autorisation, en date du 23 octobre 1774. Tous ces divers réglements anciens sont aujourd'hui tombés en désuétude et abrogés par les nouveaux, qui ont reproduit plusieurs de leurs dispositions.

645 le consacre et comprend sous ce mot même les anciens usages non écrits. Du reste, tous les auteurs conviennent que dans cette matière, l'ancien usage a une grande force : *Plurimum posse in hac materiâ vetustas et consuetudo* (1).

L'usage de l'eau est réglé ou a raison du volume que chaque riverain peut en introduire dans son fonds ou par l'espace de temps pendant lequel il pourra en user. Dans ce dernier cas, si la priorité ne résulte pas du titre ou des ouvrages apparents, elle appartient au supérieur, comme la conséquence naturelle de sa position, c'est-à-dire que chaque riverain arrose successivement, en commençant par la prise, et ainsi de suite jusqu'au dernier, en suivant le cours de l'eau.

Parmi tous les moyens d'irrigation dont notre territoire est pourvu, on compte principalement les canaux dérivés de la Durance, qui sont au nombre de trois : canal de l'Hôpital, canal Crillon, canal Puy. Nous allons d'abord nous en occuper et nous passerons ensuite au canal de Vaucluse, pour finir par

(1) *Gobius*, quest. 12 — *Pecchius* lib. 1. cap. V. quest. 1 n° 7, — *San Léger* cap. 48 n° 8, 9, ;— *Julien, Statuts de Provence*, tome 2, p. 550. — *Dubreuil, Législation sur les eaux*, tome 1, n° 106. -- *Demolombe, des Servitudes*, 194.

le canal des Sorguettes et autres cours d'eau secondaires.

§ I. — CANAL DE L'HÔPITAL

En 1227, Avignon fut la première ville qui entreprit de dériver un canal de la Durance. Ce canal, nommé d'abord canal de la Durançole, fut établi en vertu d'une concession faite en 1229 par les consuls de la ville, au profit de deux particuliers, pour faire mouvoir leurs moulins; il fut cédé plus tard aux hospices d'Avignon et est aujourd'hui plus particulièrement connu sous le nom de canal de l'Hôpital.

Vers le XVe siècle, les eaux du canal furent employées à l'arrosage de quelques prés et jardins; peu à peu cet arrosage se développa et s'étendit sur une portion considérable du territoire d'Avignon. Les eaux furent d'abord concédées, moyennant une redevance déterminée, suivant la nature du terrain arrosé. Deux syndicats se formèrent alors : l'un pour la partie haute du canal (de Bonpas à Bel-air); l'autre pour la partie bassse (de Bel-air à Avignon). Le premier prit le nom de syndicat des *Bastidans*, le second de syndicat des *Pradiers*.

Le canal de l'Hôpital fut et est encore régi

par une transaction à la date du 25 mai 1776, aux écritures des notaires Cairanne et Gollier, passée entre MM. les recteurs de l'Hôpital et les syndics réunis des corps des pradiers et bastidans du territoire d'Avignon. Une ordonnance du vice-légat Giovio, en date du 27 septembre 1776, avait approuvé et autorisé cette transaction, qui a encore aujourd'hui force de loi.

La transaction de 1776 impose aux hospices d'Avignon l'obligation de tenir dans le canal de la Durançole le volume d'eau nécessaire : 1° pour l'arrosement des propriétés riveraines ; 2° pour le jeu des moulins de *la Folie* et de *la Patience*, et 3° pour l'assainissement des Sorguettes dans l'intérieur de la ville.

Les syndics des pradiers et des bastidans avaient pour mission de surveiller, concurremment avec les recteurs de l'Hôpital, le régime des eaux, l'entretien et le repurgement du canal, dont les frais étaient supportés moitié par l'Hôpital, moitié par les syndicats et répartis entre les arrosants.

Dans la suite, des difficultés s'étant élevées, au sujet du mode d'exécution des travaux de repurgement, intervint la transaction du 11 juillet 1832, aux écritures de Mᵉ Ri-

chard, notaire, entre les syndics des bastidans et pradiers.

Il fut stipulé dans cette transaction que,
moyennant dix centimes par éminée, ajoutés
à la redevance d'arrosage, les frais d'entretien et de repurgement seraient dorénavant à
la charge exclusive des hospices, depuis la
nouvelle prise (1) jusqu'au rempart Saint-
Lazare.

Cette transaction n'infirma en rien les conventions anciennes, quant à la partie haute
du canal, dont les frais de repurgement sont
toujours supportés moitié par l'Hôpital et
moitié par les arrosants, qui, sur cette portion du canal, jouissent gratuitement de l'arrosage (2). Chaque proprétaire est tenu au
curage et à l'entretien des filioles servant à dis-

(1) La prise du canal était jadis en amont du pont
de Bonpas, dans la commune de Caumont. Le canal qui faisait suite à cette prise reçoit les eaux de
colature des plaines de Cavaillon, de l'Isle et du Thor;
l'ancienne prise n'existe plus. Une nouvelle a été
établie au XVIII⁰ siècle, à trois kilomètres environ
en aval du pont de Bonpas et le canal qui fait suite à
cette nouvelle prise porte le nom de canal de l'Hôpital ; la partie supérieure de l'ancien canal porte
seule le nom de Durançole.

(2) Les terrains qui s'arrosent gratuitement sont
ceux qui appartenaient jadis aux Chartreux de Bonpas, lesquels avaient contribué à la construction du
canal.

tribuer les eaux dans les parcelles arrosables.

Le repurgement annuel a lieu ordinairement aux environs de Pâques. Le dimanche de la Passion, quinze jours avant le repurgement, les eaux sont retirées du canal, et le même jour, le géomètre des hospices visite le canal dans tout son parcours, afin de constater les réparations et les travaux à exécuter.

Les eaux sont levées le Samedi-Saint au soir et elles ne sont remises que huit jours après. Les espaciers et les martelières en mauvais état sont réparés, pendant la huitaine de la levée des eaux, par les intéressés, ou, aux frais de ces derniers, par l'administration hospitalière.

Afin de prévenir toute déperdition d'eau, la Commission administrative publie, avant la saison des arrosages, un avis invitant les arrosants : 1° à ne tenir leurs espaciers ouverts que le temps strictement nécessaire à l'arrosement de leurs fonds ; 2° à assurer le bon aménagement des espaciers et des martelières ; 3° à entretenir nets et purgés les fossés dérivateurs. Défense est faite de prendre, sans l'autorisation de l'administration hospitalière, la terre ou le limon provenant du repurgement.

La transaction de 1832 est le dernier acte

qui révèle l'existence des syndicats primitivement organisés. Depuis lors, les hospices régissent leur canal, sans autre contrôle que celui de l'autorité supérieure. Il n'y a pas de règle pour les tours d'arrosage au canal de l'Hôpital ; il n'y a ni jour fixe, ni heure fixe. Les particuliers arrosent à volonté. Chaque année, un état des arrosages pratiqués est dressé et publié par la Commission hospitalière. Rendu exécutoire par le Préfet de Vaucluse, cet état est ensuite transmis au Receveur des hospices chargé du recouvrement.

En vertu de l'ordonnance du vice-légat qui a homologué la transaction de 1776, les redevances annuelles d'arrosage en retard sont recouvrées comme deniers du prince et perçues *more fiscalium debitorum*.

§ II. — CANAL CRILLON

En 1751, la ville d'Avignon reconnaissant les bienfaits de l'irrigation et l'insuffisance de la Durançole pour son territoire, dont elle voulait améliorer la partie caillouteuse nommée *la Garrigue*, projeta de dériver un nouveau canal de la Durance, mais l'état des finances de la ville ne lui permit pas d'exécuter ce projet.

L'un des petits-neveux du *brave Crillon,*

poussé par l'affection qu'il avait pour sa ville natale, réalisa ce projet (1) et fit, vers la fin du siècle dernier (1785), exécuter à ses frais, le canal qui porte son nom, et qui a transformé en fonds très-productifs les garrigues de Montfavet, du Pontet et de Morières.

Le canal Crillon appartient à une compagnie, qui concède des arrosages moyennant une redevance déterminée entre la compagnie et les propriétaires.

Un sixième environ des arrosants jouit des eaux gratuitement à perpétuité. Un autre sixième ne paye que 17 fr. 58 c. par hectare, mais les propriétaires de cette deuxième catégorie payent la taxe d'arrosage, qu'ils arrosent ou non. Cette faveur fut accordée par le duc de Crillon aux propriétaires qui engagèrent leurs fonds avant la construction du canal.

Les règlements particuliers et locaux en vigueur pour le canal Crillon sont:

(1) La concession fut accordée à la ville d'Avignon par un chirographe du pape Benoît XIV, en date du 23 septembre 1754, mais la ville n'ayant pas les fonds nécessaires pour mener à bonne fin l'entreprise, le duc de Crillon offrit de se substituer à la ville d'Avignon, ce qui lui fut accordé par les délibérations du Conseil de ville des 7 août 1769 et 14 décembre 1774, et par un nouveau chirographe de Pie VI, en date du 13 février 1781.

1° Un règlement du vice-légat Jacques Filomarino, en date du 29 avril 1785, concernant la police du canal ;

2° Une ordonnance royale de Charles X, en date du 5 avril 1827, portant règlement d'irrigation ;

3° Un décret impérial, en date du 9 juin 1860, réglant l'emploi et la distribution des eaux du canal, son entretien et son alimentation, et l'association des propriétaires intéressés.

Il importe de remarquer ici que les dispositions des règlements antérieurs sont maintenues en tant qu'elles ne sont pas contraires à ce décret.

Le propriétaire qui a l'intention d'arroser ses terres avec les eaux du canal Crillon doit faire chaque année, avant la fin de février, au bureau de la compagnie à Avignon, une déclaration indiquant le genre de culture et la contenance des terres qu'il veut soumettre à l'arrosage dans l'année, conformément à l'article 1er du décret impérial du 9 juin 1860. Il fait connaître dans cette déclaration quelle est la filiole et quel est l'espacier dont il entend se servir.

Cette déclaration n'est pas nécessaire pour

les terres qui jouissent déja, en vertu de titres particuliers, de la faculté d'être arrosées gratuitement ou à prix réduit.

Il importe de retenir que certains propriétaires tiennent d'actes antérieurs au décret du 9 juin 1860, le droit de dériver du canal Crillon les eaux nécessaires à l'arrosage de leurs terres, sans limitation de quantité et par préférence aux autres arrosants et ne font pas partie de l'association syndicale, car ils n'y ont pas intérêt et ne peuvent d'ailleurs y être contraints (1).

Dès que les déclarations d'arrosage ont été recueillies, la compagnie du canal Crillon dresse un tableau qui fixe l'ordre suivant lequel l'eau sera distribuée aux arrosants.

Aux termes du règlement, nul ne peut arroser une contenance plus grande que celle qu'il a déclarée. La durée de l'arrosage d'un hectare de terrain ne peut excéder quatre heures.

L'arrosage ordinaire a lieu une fois tous les sept jours, c'est-à-dire de manière à comprendre tous les terrains à arroser dans une période de sept jours consécutifs, de telle sorte que dans cette période l'eau est donnée une

(1) Voir en ce sens un *arrêt du Conseil d'État du 13 juin 1867.*

fois pour les irrigations ordinaires et deux fois pour les jardins et les terres cultivées en légumes.

Le Préfet de Vaucluse fixe chaque année par un arrêté les époques où commence et où finit la saison de l'arrosage.

Les eaux ne peuvent être prises qu'au moyen de martelières latérales, qui sont munies de cadenas ou d'une serrure. L'établissement et l'entretien de ces martelières, de leur système de fermeture et des échelles graduées qui y sont accolées sont à la charge des arrosants.

Les arrosants ne peuvent eux-mêmes ni ouvrir, ni fermer la serrure de leur martelière, ni en enlever la vanne. Ce soin est confié à des gardes-arroseurs, assermentés, entre les mains desquels les clefs sont déposées et qui sont chargés de la distribution de l'eau pour chaque arrosage.

Tout propriétaire qui renonce volontairement à profiter de l'ouverture de la vanne destinée à desservir sa propriété perd son tour d'arrosage et ne peut le reprendre qu'après que les propriétaires des terres inférieures aux siennes ont profité du leur ou l'ont perdu comme lui.

Les propriétaires qui veulent ne pas arro-

ser ou n'arroser qu'en partie doivent, au
moment où leur tour arrive, prévenir le garde
qui tient alors la vanne fermée ou bien l'ouvre
seulement sur une hauteur ou pendant une
durée moindre que celle fixée par le tableau
de service.

Les propriétaires arrosants, les usiniers et
les autres usagers des eaux du canal Crillon,
réunis en syndicat, subviennent, chacun dans
la proportion de leur intérêt, aux charges annuelles et communes.

Le syndicat a pour mission de veiller à
l'observation des règlements concernant l'usage des eaux, l'entretien et la conservation du
canal, de dresser le tableau de la répartition
des dépenses d'association entre les divers intéressés, etc...

Toutes les dépenses auxquelles donne lieu
la gestion des intérêts de l'association sont
couvertes au moyen de taxes annuelles im-
posées à tous les usagers. Le montant total,
pour chaque année, est partagé entre les usiniers et les arrosants, dans le rapport de un à
neuf.

Tous les travaux de curage et d'entretien
de la branche-mère sont exécutés par la compagnie ; chaque arrosant cure et entretient
son fossé d'irrigation.

§ III. — CANAL PUY

Le canal Puy fut créé, au commencement de ce siècle, par un de nos maires les plus estimés, qui lui a donné son nom. Ce canal destiné à féconder la partie de notre territoire situé au midi de la ville arrose à peine une centaine d'hectares, n'ayant pas encore reçu le développement qu'il comporte. En effet, le canal est encore aujourd'hui tel qu'il a été construit ; la superficie du territoire arrosable est néanmoins très-considérable, car il est reconnu qu'environ onze cent cinquante hectares de terres pourraient être irrigués. Aucune filiole de distribution n'en a été dérivée, bien qu'à plusieurs reprises on se soit occupé d'étendre les arrosages conformément aux intentions de son créateur et au but du décret de concession du 4 juin 1806.

Il n'existe pas, pour le canal Puy, de règlements particuliers ; les arrosants ne forment point une association légalement constituée.

La coutume est la seule règle suivie : il n'y a pour l'arrosage, ni jour fixe, ni heure fixe; chacun des arrosants prend l'eau quand il lui plaît, en prenant garde toutefois de ne pas enlever les eaux à son voisin, si celui-

ci avait déjà commencé d'arroser ; chacun
d'eux enfin cure et entretient les fossés d'arrosage en face de sa propriété. Les curages
périodiques et l'entretien de la branche-mère
sont supportés par les propriétaires du canal
et sont couverts par les cotisations annuelles
de tous les co-usagers.

Depuis la prise du canal jusqu'à la route
départementale n° 21, les bords appartiennent exclusivement au propriétaire du canal,
qui seul a, par conséquent, le droit d'y
planter.

§ IV. — CANAL DE VAUCLUSE

La Fontaine de Vaucluse prend sa source
dans le vallon qui lui a donné son nom : elle
traverse les communes de Vaucluse et de
Saumanes et vient se diviser en deux branches à son entrée dans la commune de l'Isle ;
c'est à partir de ce point, au quartier des
Espéluques, que les diverses branches qu'elle
forme successivement prennent le nom de
Sorgues. Afin de rester dans les limites du
cadre de notre travail, nous passons sous silence la branche de l'Isle et la branche de
Velleron pour nous occuper du canal de
Vaucluse, la plus importante des dérivations

de la Fontaine de Vaucluse. Ce canal prend naissance à la prise du Prévot, qui est un barrage en maçonnerie établi sur la branche de l'Isle à l'extrémité de la commune du Thor.

Le canal de Vaucluse arrose d'abord les communes de Gadagne, Jonquerettes, Saint-Saturnin et Vedènes, jusqu'au château d'Aiguilles, où il se divise en deux branches, l'une qui se dirige sur Sorgues, l'autre sur Avignon.

Cette dernière branche traverse la ville, en longeant au midi les rues des Teinturiers, des Lices, Calade, et va se jeter dans le Rhône près de la porte St-Dominique.

Le canal de Vaucluse est aujourd'hui la propriété de l'État, après avoir appartenu au Chapitre métropolitain d'Avignon, qui par suite de la donation de 1101, avait seul le droit d'accorder des concessions, soit pour les vannes d'arrosage, soit pour l'établissement des roues hydrauliques.

Le canal de Vaucluse est régi et administré, sous la surveillance du préfet, par un syndicat composé de neuf membres, pris parmi les propriétaires intéressés à sa conservation, soit comme usiniers, soit comme arrosants.

Les règlements concernant le canal de Vaucluse sont :

1° Un arrêté du 5 frimaire an VII, qui règle l'établissement de divers déversoirs, la distribution des eaux, tant pour l'usage des usines qu'elles font mouvoir que pour l'irrigation des terres circonvoisines ;

2° Un décret impérial du 22 octobre 1808, qui établit un syndicat chargé de l'administration du canal ;

3° Une ordonnance royale du 16 mai 1842, portant réorganisation du syndicat ;

4° Un décret impérial du 23 juin 1853, qui a réglé la pente du canal et la hauteur des aubes des roues.

Il est défendu aux propriétaires des roues d'établir dans le canal aucun ouvrage qui soit de nature à gêner le cours de l'eau et en exhausser le niveau. Il leur est pareillement interdit de faire dans leurs établissements aucun changement qui aurait pour effet d'accroître le travail des roues et d'opposer au mouvement de l'eau une plus grande résistance.

Le syndicat délibère sur tout ce qui a rapport à l'amélioration et à l'entretien du canal; il fait dresser les devis des travaux et réparations jugées nécessaires. Les gardes chargés de la surveillance de chaque branche sont nommés par le préfet. Le syndicat délibère et vote les taxes nécessaires, dont les rôles rendus exécutoires par le préfet, sont recouvrés de la manière et avec les privilèges établis pour les contributions directes.

Le syndicat entretient et cure le canal : les riverains sont propriétaires du fond et des berges jusqu'à l'axe, mais doivent néanmoins souffrir le curage, le passage des ouvriers et le dépôt momentané des déblais.

Chaque concessionnaire cure son bief ou son fossé d'irrigation, entretient et répare ses berges, à moins que les berges ne se trouvent situées dans le remous produit par le barrage d'une usine : dans ce cas, l'usinier contribue pour sa quote part à l'entretien des berges.

L'administration du syndicat du canal de Vaucluse, organisée par un arrêté préfectoral du 8 juin 1807, par le décret du 22 octobre 1808 et l'ordonnance royale du 16 mai 1842, et comprenant les trois branches de Vedènes, d'Avignon et de Sorgues, embrasse également, sous le nom de branche du Thor, en vertu d'une ordonnance royale du 22 décembre 1842, le cours de la Sorgue à son passage sur le territoire de la commune du Thor, depuis la prise dite du Prévot jusqu'à la limite de ce territoire et de la commune de l'Isle.

La propriété des riverains, qui comprend le fond et les berges du canal, est grevée d'une servitude d'aqueduc pour le passage de l'eau.

. Les espaciers doivent être établis à la hauteur de 65 centimètres au-dessus du fond moyen du canal.

Dans le but d'empêcher l'abus des eaux, tout concessionnaire d'espaciers, servant à dériver les eaux pour l'irrigation, ne peut avoir une ouverture qui dépasse la forme déterminée par les anciens règlements, et qui est de 24 centimètres, en tout sens. Nul ne peut pratiquer des tranchées sur les bords du canal pour arroser son terrain.

En outre, il est défendu à tous concessionnaires d'espaciers de mettre les eaux, après s'en être servis, à la disposition de leurs voisins qui n'auraient pas obtenu un titre de concession ; ceux d'entre eux qui laissent les vannes ouvertes après l'irrigation de leurs terrains peuvent être poursuivis devant les tribunaux, car ils doivent tenir leurs vannes fermées au moyen d'un cadenas.

Les propriétaires autorisés à dériver les

eaux du canal de Vaucluse (branche d'Avignon), pour l'irrigation de leurs propriétés,
peuvent se servir des eaux deux fois par semaine, savoir, depuis le samedi, six heures
du soir, jusqu'au lundi suivant, six heures du
matin, et depuis le mercredi, six heures du matin jusqu'au jeudi suivant, six heures du soir.

Les propriétaires d'usines ne doivent mettre directement ou indirectement aucun obstacle à cette jouissance des eaux. Dans le
cas où, pendant la saison des arrosages, un
usinier est obligé de faire des réparations à
son usine, les eaux ne peuvent être détournées du canal, que hors le temps accordé
pour l'arrosage, et dans le cas où les réparations seraient faites dans l'intérêt d'un ou
de plusieurs arrosants, les eaux ne doivent
être détournées que hors le temps durant lequel elles sont réservées pour l'usage des usines. (*Arrêté préfectoral du 1er septembre
1812*).

§ V. — CANAL DES SORGUETTES

On appelle *Sorguettes* un canal (surtout
d'assainissement), qui de l'ancien Moulin des
Morts (1) aboutit au Portail-Matheron et se

(1) On nomme ainsi la vanne située contre le rempart presque en face du chemin vicinal n° 1 et de
l'allée du cimetière.

divise à ce point en deux branches (1). Les Sorguettes sont alimentées par les eaux du clos St-Jean, de la Durançole et du canal de Vaucluse.

Une ordonnance royale du 3 mars 1834, porte règlement du canal des Sorguettes. Elle fut rendue à la suite des plaintes de plusieurs riverains de ce cours d'eau au sujet de la répartition de la dépense occasionnée par le curage.

Cette ordonnance confie l'administration du canal des Sorguettes et de ses deux branches, depuis son entrée dans la ville d'Avignon jusqu'au Rhône, à un syndicat composé de neuf membres et nommé *Syndicat des Sorguettes*.

Les attributions de ce syndicat sont d'arrêter :

1° Les améliorations à exécuter, soit pour l'élargissement du canal et de ses deux branches sur les points qui se trouvent trop ré-

(1) Ces deux branches se jettent dans le Rhône, l'une, près des nouvelles prisons, et l'autre, en suivant les rues Philonarde, des Lices, Calade, Mazan : cette dernière branche arrivée au rempart, se détourne à l'intérieur et va se jeter dans le canal de Vaucluse près de la porte St-Dominique. Les eaux réunies à ce point, sont, en cas d'inondation, déviées dans un aqueduc construit sous la rue Velouterie et amenées dans la roubine de Champfleury.

trécis par des empiétements constants et reconnus, sauf les droits acquis, soit pour la
fixation du niveau de pente, soit pour l'in-
troduction de tout le volume d'eau qui est
dévolu à ce canal ;

2° L'époque du curage qui doit avoir lieu
tous les cinq ans, du 15 septembre au 1er
avril, à moins que les syndics ne jugent'indis-
pensable de le faire faire plus tôt, et qui dans
tous les cas ne peut avoir lieu qu'en laissant
un intervalle de trois ans entre un curage et
l'autre ;

3° Les devis estimatifs des dépenses et le
cahier des charges relatif à l'adjudication
des travaux de repurgement et autres ;

4° Les rôles de répartition de la dépense entre tous les intéressés.

Le syndicat est en outre chargé :

1° De fixer le niveau du curage par des
repères dont la pose est constatée par un
procès-verbal descriptif;

2° De procéder, en présence du maire, à
l'adjudication des travaux de curage et autres, aux enchères publiques et au rabais ;

3° De constater par un procès-verbal les
ouvertures existantes destinées à servir au
passage du limon provenant du curage et
désigner les lieux où de nouvelles ouvertures

seraient reconnues nécessaires et indispensables, sans toucher à celles existantes ni pouvoir en établir plus d'une pour chaque maison ; etc.

Le curage est prohibé aux riverains : le syndicat est seul chargé de pourvoir aux travaux de repurgement. Sur la réquisition qui est faite par l'adjudicataire du curage, le riverain est tenu d'ouvrir, faire ouvrir ou indiquer les trappes, grottes ou voûtes, portes et fenêtres qui servent de passage pour enlever les envasements du canal, à peine d'y être contraint, en cas de refus, avec dépens, dommages et intérêts au profit de l'adjudicataire. Les dépenses de repurgement et autres sont divisées en trois parties égales, dont une est acquittée par la ville, la seconde par les riverains et la troisième par les usiniers (1).

Les riverains sont classés en deux catégories : d'abord, ceux qui ont voûtes et ponts

(1) De nos jours, par suite de l'abaissement du plafond du canal de Vaucluse dans l'intérieur de la ville, l'eau ne s'introduisant plus dans les Sorguettes par le trou Chapota, situé á l'angle des rues des Teinturiers et des Lices, les usines ont cessé d'exister. Néanmoins les Sorguettes reçoivent encore les eaux du canal de Vaucluse par un fossé pris au bassin de la Pyramide et longeant le rempart Limbert à l'extérieur de la ville jusqu'à la vanne du Moulin des Morts.

établis sur le lit du canal, ensuite ceux dont les Sorguettes bordent ou traversent à découvert les possessions. Les premiers paient une cotisation double de celle des seconds, laquelle est calculée d'après l'étendue des voûtes qu'ils possèdent.

Les cotisations comprises au rôle de répartition sont recouvrées par le percepteur en la forme établie pour les impositions ordinaires, après que le préfet a rendu les rôles exécutoires.

§ VI. — SYNDICAT DE CAMP-RAMBAUD, ETC.

Notre nomenclature des arrosages du territoire d'Avignon sera close par le syndicat de Camp-Rambaud, Saint-Véran, Jardin-Neuf et Bonne-Aventure.

Ces divers quartiers de la commune d'Avignon s'arrosent au moyen des eaux perdues, par un canal de distribution du canal Crillon (nommé filiole Saint-Martin), mélangées aux eaux de colature des quartiers supérieurs.

L'association fut constituée, sous le premier Empire, par M. Puy, maire d'Avignon ; elle a été régularisée par une ordonnance royale du 19 janvier 1841, qui a créé un syndicat chargé d'assurer le service des irrigations communes entre les clos de Camp-

Rambaud , Saint-Véran , Jardin-Neuf et Bonne-Aventure.

Ce syndicat est peu important, mais il est très-bien administré. Les syndics sont nommés par les propriétaires arrosants ; ils sont au nombre de cinq, savoir, un dans chaque clos, et le cinquième pris dans les quatre clos indistinctement. Leurs fonctions durent cinq ans, mais ils sont indéfiniment rééligibles.

Ce syndicat est spécialement chargé : 1° de veiller à la défense des intérêts généraux de l'association et de la représenter activement et passivement devant les autorités compétentes ; 2° de nommer un arroseur public et de fixer ses honoraires ; 3° de surveiller l'irrigation des clos, ainsi que l'entretien de leurs fossés , ponts, aqueducs et martelières , d'adopter et de faire exécuter tous les travaux qu'il jugera nécessaires à cet entretien ; 4°. de déterminer le montant des taxes nécessaires pour subvenir aux dépenses, de dresser le tableau de répartition entre les divers intéressés et de vérifier les comptes de l'association.

Les fossés principaux doivent avoir, sur toute leur étendue, une largeur et une profondeur suffisantes pour contenir le volume d'eau nécessaire pour l'irrigation. Le garde-arroseur est tenu de leur procurer ces dimensions, soit en les repurgeant annuellement, ce qui doit avoir lieu avant le premier mars, soit en les tenant nets d'herbes depuis cette époque jusqu'au 15 septembre.

On ne peut établir sur les fossés que des ponts élevés au-dessus du niveau des eaux, ainsi que des martelières en pierre ayant une ouverture de 75 centimètres au moins.

Les arrosages ont lieu successivement, soit pour les clos, soit pour les propriétés qui en font partie ; ainsi, on commence par arroser le clos de Camp-Rambaud, ensuite celui de Saint-Véran, puis le Jardin-Neuf, enfin celui de la Bonne-Aventure ; et le même ordre est constamment suivi. Si pour cause d'enlèvement de récolte, ou tout autre motif, des arrosants s'opposent au tour d'arrosage de leurs propriétés, ils sont obligés d'attendre la reprise suivante.

Les arrosages se font sous la surveillance du garde-arroseur, nommé par le préfet et assermenté, lequel est aussi chargé de la direction et de la distribution des eaux, de l'entretien et du curage tant du fossé principal que des fossés secondaires ayant un intérêt commun; il se trouve rétribué de son travail au moyen des taxes d'arrosages qu'il perçoit, et d'un supplément qui lui est payé par le syndicat.

Les grosses dépenses sont couvertes au moyen de cotisations portées sur un rôle que le syndicat émet, quand le besoin l'exige, et qui est rendu exécutoire par le préfet.

Notons, en finissant, qu'il est défendu d'arrêter ou ralentir d'aucune manière le cours du volume d'eau introduit par le garde-arroseur, lorsqu'il effectue l'arrosement en aval. Chacun peut néanmoins établir un barrage sur sa propriété pour utiliser les eaux perdues, c'est à-dire celles qui échappent d'un arrosement qui a lieu en amont.

§ VII. du curage des canaux et fossés d'irrigation ou d'écoulement.

Afin d'obvier au préjudice que porte à l'agriculture l'envasement des canaux et des fossés, la stagnation des eaux sur les terres et les chemins, et aussi dans l'intérêt de la santé publique, un arrêté municipal du 25 mars 1858, (1) a réglé le curage des canaux et

(1) Remis en vigueur par un autre arrêté municipal du 10 mars 1868.

fossés d'irrigation ou d'écoulement du territoire d'Avignon. Antérieurement, une ordonnance royale du 22 janvier 1844, avait créé un
syndicat chargé de l'entretien, du repurgement, de l'administration et de la surveillance de toutes les roubines, fossés d'écoulement et autres cours d'eau d'un intérêt général pour un ou plusieurs quartiers ou pour
un ensemble de propriétés. Mais comme ce
syndicat ne pouvait s'occuper que des grandes roubines et de leurs affluents principaux,
l'arrêté municipal de 1858 a eu pour but de
forcer les propriétaires ou fermiers à tenir
eux-mêmes repurgés les fossés d'intérêt plus
restreint qui traversent ou longent les terres
ét vont ensuite se jeter dans les canaux dont
l'entretien est à la charge du syndicat.

L'ordonnance royale du 22 janvier 1844
a créé un syndicat spécialement chargé :

1° De déterminer tous les ouvrages qui devront être faits pour maintenir en bon état
les roubines, fossés d'écoulement et autres
cours d'eau, dont la surveillance lui est con-
fiée, ainsi que les travaux nécessaires pour
les améliorer ; — 2° de proposer à l'approbation du préfet tous les règlements de police qu'il jugera convenable pour la conservation et l'amélioration de ces divers cours

d'eau ; de provoquer la suppression des différents barrages, martelières et autres ouvrages qui gêneraient l'écoulement des eaux ;
de donner son avis toutes les fois qu'il s'a-
gira d'établir de pareils ouvrages, soit pour
les irrigations, soit pour l'établissement de
nouvelles usines ; de proposer tout ce qu'il
croira utile aux intérêts de l'association et de
donner son avis sur tout ce qui touche à ces
intérêts, lorsqu'il sera consulté par l'administration ; 3° de surveiller les travaux neufs ou
de réparation, etc... (1).

(1) Le syndicat est, en outre, chargé d'aviser aux
moyens d'étendre les irrigations sur la plus grande
étendue possible du territoire d'Avignon. Il peut
faire dresser, à cet effet, des projets de filioles, où
canaux d'embranchement, pour la distribution des
eaux des canaux existants et entrer en négociation
avec les propriétaires de ces canaux, tant pour régler l'exécution des dites filioles que pour arbitrer
les prix d'arrosage.

Huit propriétaires riverains de la roubine de Morières prétendirent, à une certaine époque, se soustraire à l'application de l'ordonnance du 22 janvier
1844, au prétexte que le repurgement de la partie supérieure de cette roubine avait été constamment fait
par leurs soins, conformément aux anciens usages et
sans réclamations ; mais leur prétention fut repous-
sée par le Conseil d'État qui, par un arrêt du 4 juin
1852, décida que l'ordonnance, en établissant un syndicat des roubines, avait abrogé tous les anciens usages en vertu desquels s'effectuaient les curages par-
tiels.

En conséquence, chaque année, du 1er
mars au 30 avril, le curage de tous les canaux et fossés d'irrigation et d'assainissement
est exécuté par les propriétaires ou les fermiers, qui ont soin de jeter les déblais dans
les terres. Il est défendu de jeter les déblais
sur les chemins, afin que la voie publique ne
soit pas encombrée par des bourrelets qui en
rétrécissent la largeur et empêchent l'écoulement des eaux pluviales.

Les propriétaires des martelières, qu'ils
en jouissent seuls ou par indivis, sont obligés de tenir les vannes levées au moyen
de cadenas ou autres fermetures en fer, immédiatement après l'irrigation de leurs terres, de manière que les ouvertures des dites
martelières soient entièrement libres pour
l'écoulement des eaux, toutes les fois que les
terres ne sont pas arrosées ; ils sont solidai-
rement responsables des dommages qui peuvent résulter de l'inexécution de cette me-
sure.

Les mêmes prescriptions sont applicables
aux propriétaires de lavoirs établis sur des
cours d'eau publics. Les vannes de retenue
doivent être levées tous les soirs, sans exception, après la journée des laveuses ; elles ne
sont fermées qu'au lever du soleil au moment où recommencent les lavages.

Nous devons mentionner ici un arrêté municipal du 14 décembre 1814, lequel défend à tout particulier de former des lavoirs sur les fossés d'irrigation ou d'écoulement qui longent les chemins ruraux et vicinaux, en y établissant des martelières. Celui qui veut établir un lavoir est obligé de le former dans sa propriété, avec l'autorisation et sous la direction de l'Inspecteur des Travaux publics ; il peut y faire dévier les eaux du fossé voisin en donnant au lavoir la profondeur et la pente nécessaires pour que, dans aucun temps, il ne puisse retenir ou arrêter les eaux, soit dans sa propriété, soit dans le fossé d'écoulement.

Le syndicat des roubines, fossés d'écoulement et autres cours d'eau du territoire d'Avignon a, par une délibération approuvée par le préfet, le 31 janvier 1860, fait un règlement de police, aux termes duquel, chaque année au mois de janvier, le maire prend un arrêté pour prescrire le repurgement par les riverains, et chacun au droit de soi jusqu'à l'axe, des fossés secondaires d'assainissement ou d'irrigation dont le curage n'est pas habituellement à la charge du syndicat.

Si les propriétaires ne font pas ce repurgement, de même que s'ils le font d'une manière incomplète, ou de façon que les produits du curage retombent dans le fossé, le travail qu'ils auront négligé de faire sera exécuté à leurs frais par les soins de l'autorité municipale, sous la surveillance du syndicat, sans préjudice des indemnités dues pour tous les dommages occasionnés par leur négligence.

Les concessionnaires des ponts, barrages, martelières, espaciers et autres travaux d'art, sont tenus de maintenir leur débouché dans un état constant de propreté et de manière à ne gêner en rien le libre cours de l'eau. De plus, il est interdit aux riverains de pratiquer, sans autorisation, dans les berges des coupures ou autres moyens de dérivation ou prises d'eau quelconques.

Les propriétaires riverains sont tenus de livrer passage sur leurs terrains, depuis le lever jusqu'au coucher du soleil, aux membres du syndicat, aux garde-rivières, aux fonctionnaires et agents dans l'exercice de leurs fonctions, ainsi qu'aux entrepreneurs et ouvriers chargés du curage. Ils doivent laisser déposer sans indemnité, sur les bords des fossés, les déblais provenant des curages effectués au droit de leurs fonds et dans la partie qui leur est attenante, à partir de l'axe desdits fossés.

Il nous reste, en finissant cette question des eaux, à mentionner un arrêté municipal, du 4 février 1864, relatif à l'assainissement de la section du Pontet. Cet arrêté a réglementé les colmatages pratiqués dans cette section de notre territoire afin de prévenir le retour de l'épidémie des fièvres intermittentes.

En résumé, au point de vue de la législation et des usages, on peut diviser nos cours d'eau en deux catégories bien distinctes : 1° les cours d'eau syndiqués, conformément à la loi du 21 juin 1865 ; — 2° les cours d'eau non syndiqués.

D'où les principes généraux suivants : pour les cours d'eau non syndiqués, le repurgement est fait, quand besoin est, par les riverains, sur une publication du maire et chacun le fait au droit de soi jusqu'à l'axe.

Quant aux cours d'eau syndiqués, l'administration en appartient au syndicat seul, qui opère le repurgement et le faucardement. Néanmoins, les filioles ou fossés secondaires sont curés, avant la saison des arrosages, par les riverains, chacun au droit de soi jus-

qu'à l'axe, sous la surveillance du syndicat,
et les déblais en provenant sont jetés de
chaque côté sur la berge. Les branches-mères
sont seules repurgées par l'administration, aux
frais de l'association syndicale.

Question VII

*Quel est le mode de bornage usité dans le
territoire d'Avignon ? (art. 646 du Code
civil).*

Le Code civil en édictant que tout propriétaire peut obliger son voisin au bornage
de leurs propriétés et en n'indiquant pas la manière d'effectuer le bornage, se réfère implicitement sur ce point aux usages locaux.

On entend par bornes, en général, toute
séparation naturelle ou artificielle qui mar-
que les confins ou la ligne de division entre
deux héritages contigus.

Ainsi, il y a des bornes immuables, telles
qu'une rivière, un banc de rocher, un ter-
tre, un bâtiment, un chemin public, une
double rangée d'arbres et de vignes, un fossé
et autres objets dont la situation est invaria-
ble. Ce n'est qu'à défaut de pareilles limites

qu'on place des bornes mobiles, ainsi appelées parce qu'elles peuvent être déplacées
par le simple fait de l'homme. Chez nous, on
se sert de pierres allongées, d'une certaine
grosseur, dont partie est enfoncée dans le sol
et partie fait saillie au dehors, sur la limite
des propriétés contiguës. Ordinairement, on
accompagne chaque borne de deux fragments
de brique ou de pierre auxquels on donne
le nom de *témoins*; ils sont brisés de manière que, rapprochés l'un de l'autre, ils se
raccordent facilement et servent à faire reconnaître la borne.

Quelquefois aussi, on met au-dessous et
autour de la borne du charbon pilé ou des
fragments de verre dont l'incorruptibilité fait
reconnaître le caractère de la borne.

Lorsqu'il n'est pas possible de planter des
bornes, l'usage est de placer des repères, ou
des signes de bornage, tels que des croix vi-
suelles faites sur les murailles, les rochers
et les ponts des fossés.

De plus, dans la partie caillouteuse de notre territoire, on trouve des amas de pierres
désignés sous le nom de *clapiers*, qui sont
mitoyens et servent de bornes.

Nous devons faire observer ici que la rubrique LII des *Statuts de la cité d'Avignon*

(1698) prescrivait aux consuls et à leur assesseur de faire, tous les cinq ans, avec l'assistance d'experts, la visite du territoire, pour s'assurer du bornage des propriétés, ainsi que de leurs tenants et aboutissants, tenir le livre cadastral au courant des mutations de la propriété et réprimer les usurpations commises sur les chemins publics.

Ajoutons qu'en matière de bornage, la prudence conseille de faire dresser par un juge de paix ou un notaire un procès-verbal des opérations constatant la direction et les distances auxquelles les bornes ont été placées les unes des autres, afin d'éviter des contestations souvent fort coûteuses, si les bornes venaient à disparaître par fait du hasard ou de la malveillance.

Question VIII

Quel est le mode de clôture usité pour les maisons, cours et jardins dans la ville d'Avignon et ses faubourgs ?

Existe-t-il un usage constant et reconnu qui détermine la hauteur de la clôture ? (Art. 663 du Code civil),

Chacun peut, en vertu de l'article 663 du Code civil, contraindre son voisin, dans les

villes et faubourgs — et non dans les campagnes, — à contribuer aux constructions
et réparations de la clôture faisant séparation de leurs maisons, cours et jardins situés
dans lesdites villes et faubourgs. Le Code
civil ne fixe la hauteur de la clôture qu'à
défaut de règlements ou d'usages locaux.

Le mode de clôture usité chez nous est un
mur en maçonnerie. Pour les cours et jardins, la hauteur de la clôture est, d'après
l'usage, à Avignon, de trois mètres.

Les palissades ne sont employées chez
nous que pour clore momentanément des
terrains touchant la voie publique.

Dans les champs de notre territoire, on
emploie comme clôture les palissades en roseaux, dont la hauteur varie de 2 mètres à 2
m. 50 cent.

Nous devons cependant faire observer que
les voisins peuvent, d'un commun accord,
déroger à l'obligation de se clore par un mur
de trois mètres, en convenant soit que le mur
sera moins élevé, soit que leurs propriétés ne
seront séparées que par une palissade, une
haie, une grille, etc.

En outre, bien que l'un des voisins ne
puisse pas abaisser le mur sans le consentement de l'autre, il peut néanmoins, à ses frais,

l'élever au-dessus de la hauteur réglemen-
taire.

Question IX

*Le droit de parcours et de vaine pâture est-
il reconnu dans le territoire d'Avignon ?*

*S'exerce-t-il réciproquement entre tous les
propriétaires ou seulement sur les propriétés
communales ?*

*Y a-t-il quelque règlement particulier sur
l'exercice de ce droit ? (Loi du 28 septembre,
6 octobre 1791, section Iʳ).*

Il nous semble nécessaire d'expliquer d'a-
bord ce que l'on entend par *parcours* et *vaine
pâture.*

La *vaine pâture* est le droit qu'ont les habitants d'une même commune, d'une section
de commune, de faire paître leurs troupeaux sur les terres les uns des autres, lors
qu'il n'y a ni fruits, ni récoltes, ni semences.

Le *parcours* est le même droit, mais exercé
avec réciprocité entre les habitants de deux
ou plusieurs communes voisines. Le droit de
parcours proprement dit n'a jamais existé
chez nous d'une commune à une autre ; cela

résulte d'un règlement du vice-légat Sforza,
en date du 18 mars 1641.

La *vaine pâture* est ainsi appelée par opposition à la grasse ou vive pâture, qui s'exerce
sur les prairies, garrigues, marais ou bruyères
appartenant à une commune ou assujetties à
un droit exclusif de pâturage.

Il ne faut donc pas confondre la vaine pâture qui s'exerce sur les propriétés privées
avec le pâturage qui, en général, peut avoir
lieu sur les biens communaux, aux conditions
déterminées par l'autorité municipale (*art.
17 de la loi du 17 juillet 1837*).

Bien que le territoire d'Avignon ne soit
pas un pays de troupeaux, le droit de vaine
pâture y est reconnu par l'usage local immémorial ; il s'exerce entre tous les propriétaires réciproquement. Mais cette dépaissance
commune ou *compascuité* n'est qu'une simple faculté qui ne confère aucun droit.

J.-F. Bonet de St-Bonet, jurisconsulte
comtadin du XVIII⁰ siècle, dit que le parcours et la vaine pâture ont toujours été en
usage chez nous :

« *Omnes ex generali consuetudine habent*
« *jus pascendi in fundis, post recollectionem*
« *uvarum, spicarum, fœni.....*

« *Transactiones, statuta et consuetudines*

« *in materia pascuorum faciunt leges...* »
(Tractatus de animalibus, curribus et plaus-
tris. Cap. XXXVIII, num. 79, 81, 100.

On exclut ordinairement de la vaine pâture les chèvres et les porcs. *Exceptis certis*
animalibus ut sues... (*id. num. 106).*

Les chèvres sont classées parmi les animaux
nuisibles. *(Cap. III, num. 15 et seq.).* Nos
Statuts punissaient de l'amende le gardien
des bestiaux paissant dans des lieux défendus.
« Si quelque animal, de quelque genre que
« ce soit est trouvé en terres semées, près,
« vignes, estoubles et autres lieux cultivés
« ou non cultivés auxquels il est défendu
« d'aller... » etc... (*Statuts de la cité d'Avi-*
gnon, livre iii, rubrique 6, art. 8.)

Un règlement du vice-légat Doria, fait en
1709, pour l'État d'Avignon, défendait de
faire paître les chèvres et les boucs, si ce
n'est à l'attache, dans les lieux incultes où se
trouvent des arbustes, des oliviers et des vignes. (1)

Deux autres règlements faits, l'un par le vice-
légat Lomellini, le 16 octobre 1665, l'autre
par le vice-légat Gonterii, le 6 août 1717,

_____

(1) Les anciens Statuts de l'Isle (art. 11) et de Pernes (art. lvii), défendaient également de faire paître
les chèvres et les porcs autrement qu'à l'attache.

défendaient d'introduire et de faire paître le
bétail dans les vignes et vergers d'oliviers,
sans la permission du propriétaire. On entendait par verger d'oliviers ou *olivette* toute
terre complantée de huit pieds d'oliviers par
éminée. Un arrêt du Parlement de Provence,
en date du 6 septembre 1768, avait homologué
ces deux règlements, que l'usage a maintenus
en vigueur. Cependant, après les vendanges,
les propriétaires qui n'ont pas de troupeaux,
laissent aux bergers la faculté de faire man-
ger les pampres des vignes où il ne se trouve
point d'oliviers. Mais cette vaine pâture ne
s'exerce que par tolérance.

On considère donc, à Avignon, comme
vaines pâtures, les grands chemins, les chau-
mes, les terres gastes, hermes et incultes, les
bords des fossés, et généralement tous les
champs non semés et non plantés d'arbres
fruitiers, d'oseraies, d'oliviers ou de mûriers
nains, et qui, par l'usage du pays ne sont
pas en *défends* ou *marquées*. (1)

(1) Les bestiaux ne peuvent entrer dans les chau-
mes avant que les gerbes n'aient été enlevées, et deux
jours seulement après leur enlèvement.
Les *Statuts de l'Isle* (1710) défendaient d'entrer
dans les *estoubles* avant la Madeleine (article 6).
Les terres défendues ou *margaillères* sont marquées
aux quatre coins par un tas de terre. (*Statuts de*

Chez nous, les terres sont mises en défends par des monticules de mottes de terre surmontés d'une pierre ou d'une branche d'arbre; ces signes faits au bord du champ ont pour but d'empêcher l'entrée des bestiaux.

In nostra Provincia Comitatus Venaissini, particulares domini fundorum faciunt defensas, per monticula terræ, ad sibi conservandas herbas quæ vocantur enveiadæ (1), *ad impediendum ingressum aliorum animalium, post collectas segetes.....* (Bonet de St-Bonet, *ibid. numéros 87, 88*).

In fundis ubi sunt virgulta quercuum et alii teneri rami aut olivæ, constantissime conceditur defensa..... (*Ibid. numéro 82*).

---

l'Isle, article 14.) —(*Statuts de Pernes* (1765), art. xx.) En outre, l'article 29 des *Statuts de l'Isle* défend « de faire paître dans les *plantiers* de vignes depuis la première année jusques aux quatre feuilles.

(1) Il y a une soixantaine d'années, dans Vaucluse, les terres de labour étaient cultivées par assolement biennal, jachère et blé. Après la récolte des grains, l'usage était de laisser pousser les herbages qui devenaient communs à tous pour le pâturage des bestiaux, à moins que le propriétaire ou fermier ne mît le signe de la défense, c'est-à-dire un monticule de terre nommé *vejade*. Ce mot signifie terre défendue (en latin *vetata* et en provençal *vedada*). Le mot et la chose sont encore employés, dans quelques localités de notre département pour indiquer que les bestiaux ne doivent pas entrer dans la terre.

In ripis et viis publicis non potest fieri defensa pastus, tum unicuique liceat ibi alimenta sumere pro animalibus transeuntibus. (Ibid., numéro 98).

Les bestiaux ne doivent pas stationner, ni paître sur les chemins vicinaux. (*Règlement sur les chemins vicinaux, du 7 février 1872,* Titre iv, *chap.* ii. *sect.* 1.)

Nous devons faire observer ici qu'un ancien usage, qui tend à tomber en désuétude, défend le parcours et le pâturage du bétail sur les digues et les chaussées du Rhône et de la Durance, afin de les préserver des dégâts causés par le passage et le piétinement des bestiaux. Cet usage nous a paru avoir son fondement dans un règlement du vice-légat Passionei, en date du 25 mai 1756, lequel porte : « Informé que ceux qui tiennent des « bêtes à laine, des chèvres, des vaches et « autres bestiaux les mènent paître auxdites « chaussées, ce qui les détruit entièrement, « parce que les animaux font tomber la terre « des chaussées, ou émouvant icelle font que « le vent l'emporte, surtout n'étant pas rete- « nue par l'herbe..... il est défendu à toute « personne de faire dépaître des bêtes à « laine, vaches, chèvres et autre bétail, gros « ou petit, sur lesdites chaussées ou le long « d'icelles... »

Il importe également de mentionner ici quelques restrictions, plus récentes, apportées au droit de parcours et de vaine pâture dans le territoire d'Avignon.

Le pâturage des bestiaux est interdit sur les bords du canal Crillon et de ses filioles. *(Article 10 de l'ordonn. roy. du 5 avril 1827)*. Un usage constant et reconnu veut, dans un but de conservation, qu'il en soit de même pour les bords de nos autres canaux.

Afin d'obvier au dommage causé par les bestiaux qui broutent les vignes et les propriétés riveraines des chemins communaux et sentiers de Morières, un arrêté municipal du 7 juillet 1857 a réglé le parcours des troupeaux sur les chemins communaux et sentiers permanents de la section de Morières. Cet arrêté défend aux bergers et conducteurs de bestiaux, du 1er avril au 30 juin inclusivement, le parcours avec leurs troupeaux des sentiers et chemins qui ne conduisent pas directement à leurs habitations.

Depuis l'époque de cet arrêté municipal, un arrêté préfectoral du 23 juillet 1870 (1) a distrait la section de Morières de la com-

(1) Rendu en exécution de la loi du 24 juillet 1867 (art. 13.)

mune d'Avignon et l'a érigée en commune
distincte ; mais rien n'a été changé relativement aux usages et règlements en vigueur.
En effet, l'article 3 de l'arrêté préfectoral
porte : « Les dispositions qui précèdent se-
« ront exécutées sans préjudice des droits
« d'usage et autres qui peuvent être respec-
« tivement acquis aux communes d'Avignon
« et de Morières, et dont il est fait réserve
« au profit de chacune d'elles contre l'au-
« tre. » Par suite de la formation de ces
deux communes distinctes, le droit de parcours s'est trouvé reconnu réciproquement
d'une commune à l'autre.

La loi du 28 septembre — 6 octobre 1791,
a maintenu le droit de parcours et de vaine
pâture dans les communes où il est fondé
sur un titre ou sur une possession autorisée
par les lois et les coutumes antérieures à
1789.

Quand le droit de parcours et de vaine
pâture n'est pas fondé sur un titre (1), on

_____

(1) Si le droit de vaine pâture est fondé sur un
titre, le propriétaire du fonds asservi ne peut s'en
affranchir par le seul fait de la clôture. Ce droit
rentre alors soit dans la classe des servitudes ordinaires, s'il a été établi en faveur d'un héritage, soit
dans la classe des obligations personnelles, s'il l'a
été seulement eu égard à la personne. Néanmoins,

peut s'y soustraire ; pour cela, il suffit de
clore entièrement par un mur, une haie, un
treillage, une palissade ou un fossé ayant au
moins quatre pieds de large et deux pieds de
profondeur, la propriété que l'on veut exo-
nérer de cette servitude. (1) Dans ce cas, le pro-

quand la vaine pâture est fondée sur un titre entre
particuliers, on peut racheter la liberté de sa propriété
au moyen d'une indemnité fixée par experts.

(1) Pour ne point faire obstacle aux droits de
chasse et de vaine pâture sous l'ancien régime, plusieurs coutumes obligeaient les propriétaires ruraux
à laisser leurs terres non closes. La loi de 1791 et
l'article 647 du code civil ont aboli cette servitude si
onéreuse, qui, nous devons le reconnaître ici,
n'exista jamais ni dans l'État d'Avignon, ni dans le
Comtat.

En outre, avant le code, l'assolement forcé était en
vigueur dans certaines provinces; c'était une conséquence du droit de parcours et de vaine pâture dans
les jachères. Cette servitude n'aurait pu y être exer-
cée s'il avait été permis de dessoler, c'est-à-dire de
mettre les terres en récoltes toutes les années.

L'assolement forcé est implicitement aboli par
l'art. 2, tit. I. sect. 1 de la loi du 28 sept. 1791, qui
déclare les propriétaires libres de varier à leur gré
la culture et l'exploitation de leurs terres. L'assolement forcé n'a jamais eu lieu dans l'État d'Avignon
et dans le Comtat, où chacun avait, comme de nos
jours le droit de défendre ses terres par de simples
signes apparents. (Bonet de St-Bonet, Cap. XXXVIII,
num. 87, 88. — *Statuts de Pernes*, art. XX. — *Statuts
de l'Isle*, art. 14.)

La propriété n'eut point chez nous à subir de pareilles entraves, car nos statuts et les sages ordon-

priétaire qui clôt tout ou partie de ses propriétés perd son droit au parcours et à la vaine pâture, dans la proportion du terrain qu'il y soustrait. (*Article 648 du Code civil*) ; c'est-à-dire que le nombre de bêtes qu'il a droit d'envoyer paître sera réduit aux trois quarts, au tiers, à la moitié, s'il a clos le quart, le tiers, la moitié de ses propriétés. Le Code civil est sur ce point entièrement d'accord avec un ancien règlement du vice-légat Aquaviva d'Aragona, en date du 10 octobre 1751, qui contient la disposition suivante :

« Art. IV. — On ne pourra tenir des « troupeaux de brebis ou de moutons qu'à « proportion de l'étendue des terres et pâ-« turages dont on jouira. »

La vaine pâture constitue, de nos jours, une servitude plutôt nuisible qu'avantageuse à la culture, et qui empêche le plus souvent les améliorations agricoles ; car, avec le morcellement de la propriété, elle est devenue une charge qui pèse plus sur la petite propriété que sur la grande. Ajoutons, pour finir, que dans le territoire d'Avignon, l'exer-

nances de nos vice-légats avaient renfermé dans de justes limites le droit de chasse et le pâturage des bestiaux.

cice du parcours et de la vaine pâture est aujourd'hui considérablement restreint.

Question X

*La servitude d'échelage ou tour d'échelle
est-elle reconnue dans le territoire d'Avignon ?*

Plusieurs coutumes reconnaissaient autrefois, en France, au propriétaire exclusif d'un
mur ou d'un bâtiment contigu à l'héritage
d'autrui, le droit de poser des échelles et des
échafaudages sur le fonds voisin, d'y faire
passer des ouvriers, d'y déposer momentanément les matériaux nécessaires pour les
travaux à faire au mur, au toit, aux tuyaux
de cheminées. Ce droit constituait une servitude légale résultant du voisinage et se nommait *tour d'échelle* ou *échelage*.

Le tour d'échelle n'existe pas et n'a jamais existé chez nous, comme servitude ;
quelquefois le propriétaire qui bâtit laisse
une parcelle de terrain d'un mètre de largeur pour cet usage, mais il n'y est pas obligé. En effet, le propriétaire qui a besoin de
réparer son bâtiment ou son mur, joignant

sans intermédiaire l'héritage d'autrui, peut, moyennant indemnité, obtenir le passage chez le voisin des ouvriers et des matériaux.

Il ne faut donc pas confondre *la servitude de tour d'échelle* avec le terrain qu'un propriétaire laisse sur son propre fonds, pour pouvoir réparer aisément sa construction. Cet espace nommé également *tour d'échelle* lui appartient en pleine propriété.

D'ailleurs, aujourd'hui le propriétaire exclusif d'un mur ou d'un bâtiment ne peut avoir un droit quelconque au delà de son mur qu'en vertu d'un titre, car la présomption de droit est que celui qui construit prend la totalité de son terrain.

Notons cependant qu'un avancement de mur sur la largeur du tour d'échelle, à l'une ou à l'autre extrémité ou aux deux, et tenant au mur principal, pourrait remplacer le titre ; mais il n'en serait pas ainsi d'une gouttière ni de toute autre saillie.

Lorsque deux voisins ont construit et laissé, chacun de leur côté, le terrain nécessaire au tour d'échelle ou à l'égout des toits, ces portions de terrains forment une *ruelle* d'environ deux mètres, qui ne peut être réputée mitoyenne, car, en opérant séparément et chacun de son côté, les voisins n'ont point

entendu se concéder réciproquement un
droit quelconque sur le terrain qu'ils lais-
saient.

Nous devons rattacher ici une question qui
intéresse nos contrées méridionales : plusieurs de nos héritages ruraux sont protégés
par des séparations naturelles, c'est-à-dire
par des *rives* et des *tertres*, qui, ordinairement sont la propriété de celui dont ils sou-
tiennent le terrain. Nos Statuts le disent expressément, lors même que sur' la rive se
trouve un sentier qui la sépare de ce terrain.
(*Livre 1. Rub. LIV*).

Entre deux fonds d'inégale hauteur, le
propriétaire du fonds supérieur l'est aussi,
à moins de titre contraire, de la rive ou de
la partie du mur qui soutient son terrain et
est obligé de l'entretenir.

En Provence et dans quelques localités de
Vaucluse, l'usage est que le propriétaire supérieur qui construit un mur de soutènement, coupe sa rive et laisse, au delà de son
mur, un espace d'une largeur de deux pans,
qu'on nomme *lou recaousset*, c'est-à-dire *ce
qui chausse le mur* ; l'inférieur ne peut, en
ce cas, cultiver plus près de deux pans du
mur.

En somme, le propriétaire inférieur ne

peut rien faire qui altère l'état de la rive
et facilite l'éboulement des terres; il doit
même s'abstenir de cultiver trop près. S'il
coupait à pic la portion de la rive qui peut
lui appartenir ou s'il abaissait son terrain
le long du mur existant, il serait obligé
de soutenir le terrain du voisin par un mur.

Quand un mur de clôture joint immédiatement le fonds voisin, on a prétendu que
l'usage interdisait au voisin de labourer jusqu'au pied du mur, parce qu'en facilitant
ainsi l'infiltration des eaux, il nuisait à sa
conservation. Nous répondrons à cela que
le propriétaire du mur doit s'imputer de l'a-
voir construit sur la ligne divisoire, et qu'il
ne serait pas juste de forcer le voisin à laisser inculte une portion quelconque de son
champ.

Question XI

*Lorsque les différents étages d'une maison
appartiennent à divers propriétaires, quelles
sont les règles d'entretien et de reconstruction
autres que les règles générales de l'article 664
du Code civil ?*

Dans la commune d'Avignon et dans le
département de Vaucluse, on trouve parfois

des maisons divisées horizontalement, de façon que le rez-de-chaussée appartient à un propriétaire, le premier étage à un autre, le second étage à un autre encore, et ainsi de suite. Ces sortes de communautés se nomment en droit *servitudes d'indivision* ; elles ont leur origine soit dans un partage fait par le père de famille entre ses enfants, à chacun desquels il a donné une partie de la maison paternelle (1), soit dans un testament par lequel un propriétaire dispose de cette manière, au profit de plusieurs légataires, des divers étages de sa maison.

Pour déterminer les obligations et les droits des propriétaires des différents étages de la maison, il faut consulter les titres de propriété, les dispositions de l'article 664 et les usages locaux, lesquels doivent être observés en ce qui concerne les omissions et lacunes du Code dans cette question.

Les réparations à faire au passage commun sont supportées par chacun des ayants-droit dans la proportion de la valeur de la partie de l'immeuble qu'il possède. Il faut

(1) Souvent aussi, les enfants eux-mêmes se partagent la maison paternelle, à laquelle ils tiennent par affection, et qui ne pouvant former un seul lot, devrait être licitée, si ce mode de partage n'était pas employé.

donc, en pareil cas, faire *une ventilation*, c'est-à-dire une estimation particulière de chaque étage pour fixer proportionnellement la contribution de chacun (1).

On procède de même pour les puits, les pompes, les portes, les allées, les cours, les fosses d'aisances qui servent également à tous les propriétaires de la maison. Quant aux greniers et aux caves, celui qui les possède seul entretient et reconstruit les murs, contre-murs, escalier et voûtes, mais si elles sont communes, toutes les réparations sont faites à frais communs.

Le propriétaire de la partie basse de la maison ne peut, sans le consentement des propriétaires des étages supérieurs, faire une forge ou une cheminée, ni changer de place celle déjà construite.

En cas de réparation des planchers, les frais d'étayement sont à la charge du propriétaire qui est chargé de réparer le plancher sur lequel il marche, car ils font partie de cette réparation.

----

(1) Chaque appartement doit être estimé comme s'il était nu, et en raison de sa grandeur seulement et de sa commodité, et non de la valeur locative qui est augmentée par les ornements et embellissements.

L'article 664 ne parle pas des impôts, mais l'usage et la jurisprudence veulent que l'impôt foncier soit une charge commune. L'impôt des portes et fenêtres est, au contraire, une charge particulière qui est supportée par chacun de ceux dans les étages desquels elles se trouvent, excepté toutefois l'impôt sur la porte cochère ou sur la porte de l'allée commune qui est une dépense générale.

Question XII

Un espace quelconque de terrain doit-il être laissé au delà du fossé creusé près le fonds voisin ?

Le propriétaire qui creuse un fossé sur la ligne divisoire de son héritage peut porter préjudice à son voisin et l'empêcher de cultiver jusqu'à la limite extrême de son fonds, qui se trouve ainsi exposé à des éboulements. La loi n'a pas prévu cette question ; mais en se reportant à l'article 544 du Code civil, on y lit que le propriétaire ne peut disposer de sa chose qu'à la condition de n'en pas faire un usage prohibé par les lois et par les règlements.

En conséquence, dans l'intérêt de l'agriculture, on suit encore les prescriptions des règlements ou des usages qui exigent une certaine distance entre le fossé et le fonds voisin. Chez nous, l'usage est, en creusant un fossé, de laisser du côté de l'héritage voisin un espace de terrain égal à la profondeur du fossé; c'est ce qu'on nomme le *franc-bord* (1).

Le talus de la berge du fossé doit être suffisamment incliné pour empêcher l'éboulement de la rive et pour qu'il reste toujours un espace de cinquante centimètres entre le talus et le fonds voisin.

Quand le fossé longe un mur de séparation, mitoyen ou non, outre la distance, il faut faire un contre-mur.

Nous trouvons dans le réglement du 7 février 1872 sur les chemins vicinaux de Vaucluse, plusieurs dispositions relatives aux fossés (TITRE IV, *chap. I, Section 6)* : Les propriétaires riverains ne peuvent ouvrir un fossé le long du chemin vicinal à moins de

(1) *Lès Statuts de Pernes* (1765), dans leur article XI, prescrivent la même règle.

Toutefois, quand le fossé est creusé dans le roc, sa distance du fonds voisin peut n'être que de la moitié de sa profondeur, car, il n'y a plus, en ce cas, ni éboulement, ni filtration à craindre.

50 centimètres de la limite du chemin. Le fossé doit avoir un talus d'un mètre de base au moins pour un mètre de hauteur. Celui qui fait ouvrir un fossé doit l'entretenir de manière à empêcher que les eaux ne nuisent à la viabilité du chemin.

Question XIII

Existe-t-il, dans le territoire d'Avignon, des usages constants et reconnus ou des règlements particuliers fixant la distance à laquelle on peut planter des arbres de haute tige et des arbres de basse tige ? (Art. 671 C. c.)

L'arbre peut nuire au fonds voisin par sa proximité, par ses racines, par son ombre. S'il est planté sur la limite même du fonds, il peut donner lieu à une question de propriété. Enfin, le droit d'en cueillir les fruits peut engendrer des difficultés, si les branches avancent chez le voisin. On comprend dès lors la nécessité d'observer, pour les plantations, la distance prescrite par les usages ou par le Code : la diversité du sol, des cultures et même des espèces d'arbres n'ont pas

4

permis au législateur d'uniformiser cette distance pour toute la France.

Le Code a, néanmoins, distingué les arbres à haute tige des autres arbres, par le motif qu'ils sont de nature à s'alimenter dans le fonds voisin et à porter à ce fonds un ombrage toujours préjudiciable, tandis que les arbres à basse tige n'ayant pas la même force ne pouvaient avoir la même conséquence.

Dans le territoire d'Avignon, on ne peut planter les arbres à haute tige, qu'à la distance de deux mètres du fonds voisin, distance que l'article 671 a consacrée (1). Il faut considérer comme arbres de haute tige les ormes, bouleaux, aulnes, platanes, chênes, noyers, mûriers, oliviers, poiriers, cognassiers, pommiers, marronniers, figuiers, abricotiers, pruniers, cerisiers, etc... et non pas seulement les arbres qui, en fait, ont beaucoup d'élévation ; ainsi des tilleuls et des acacias, cou-

_____

(1) La distance se prend du milieu du tronc ou tige de l'arbre en ligne droite, jusqu'au point séparatif des héritages.

Nous devons noter ici que si l'art, 671 emploie le mot *planter*, c'est seulement parce qu'il a en vue l'hypothèse la plus ordinaire, *id quod plerumque fit*. La loi et l'usage s'opposent également à ce que le propriétaire laisse subsister les arbres quelconques, qui croissent spontanément ou par l'effet d'un semis naturel.

pés périodiquement et maintenus à la hauteur d'une haie sont des arbres à haute tige. (*Arrêt de la Cour de Cassation du 25 mai 1853*). Cependant, nos usages permettent de former, à un demi-mètre seulement, une haie vive de mûriers nains, vulgairement dit *porrettes*, en les maintenant à la hauteur ordinaire des haies.

Les arbres à basse tige sont ceux qui poussent peu de racines, qui s'élèvent peu, ceux enfin que l'on est dans l'habitude et dans la nécessité de tailler à des époques périodiques, tels que framboisiers, pêchers, groseliers, grenadiers, aubépines, lilas, lauriers, myrtes, chèvrefeuilles, jasmins, saules, oseraies, etc.....

Nos usages, d'accord avec le Code civil, permettent de planter des arbres à basse tige et des haies vives (*cébisses*) à la distance de cinquante centimètres, à la condition toutefois de les maintenir à leur hauteur ordinaire.

Les haies sont la clôture la plus ordinaire des propriétés rurales, elles sont *sèches* ou *vives*. La haie sèche est formée de bois mort qu'on renouvelle tous les ans et qui se plante à la ligne divisoire de l'héritage, parce que, ne poussant ni branches, ni racines, elle ne peut anticiper sur aucun fonds ; c'est à elle seule qu'on applique la règle du droit romain : *Terminum ne excedito.*

La haie vive est formée de divers arbustes, parmi lesquels on ne doit point mettre d'arbres à haute tige.

Les cannes ou roseaux sé plantent sur la limite même du fonds, mais comme leurs racines prennent plutôt la direction du nord au midi que du midi au nord, si on établit un *cannier* au midi de son fonds, il faut laisser une distance de 50 centimètres ou creuser un fossé de profondeur égale entre la propriété voisine et le *cannier*.

On assimile, chez nous, aux arbres de basse tige les peupliers et les cyprès ; or, en plantant à cinquante centimètres les rideaux ou palissades de cyprès, on porte un préjudice réel au voisin dont le terrain est ainsi rendu peu productif à dix ou douze mètres de distance au nord.

Les cyprès et les peupliers ayant tous les caractères d'arbres à haute tige, il serait à désirer qu'on observât la distance de deux mètres, ou qu'on les maintînt par la taille dans les proportions ordinaires des haies vives.

La vigne est plantée, chez nous, à cinquante centimètres du fonds voisin.

« Si la distance voulue n'a pas été observée, le voisin qui a laissé subsister pendant trente ans, l'arbre, la vigne ou la haie de son voisin, n'est plus recevable à se plaindre et à les faire arracher.

On n'observe aucune distance pour les arbres plantés le long d'un mur mitoyen ou d'un mur appartenant au propriétaire de l'arbre. On peut même, sans la permission du voisin, appliquer contre un mur mitoyen des espaliers, pourvu que les racines ne pénètrent point dans le mur. Car, dans les enclos, il n'y a point de règles fixes concernant la distance, il suffit que les plantations ne portent pas préjudice aux murs, aux jours, aux vues et aux bâtiments du voisin.

Pour planter les arbres de haute tige au bord d'un fossé mitoyen, on prend la distance de deux mètres à partir de l'axe du fossé. Ne sont soumis à aucune distance, les arbustes (saules, osiers, roseaux, etc...) qui croissent naturellement dans le bief des moulins ou au bord de l'eau, parce qu'ils servent à consolider les berges.

Toutefois, on ne peut planter sur les bords du canal Crillon ou de ses filioles qu'à un demi-mètre de distance. (*Article 8 de l'ordon. du 5 avril 1827*). Mais, aucune distance n'est prescrite pour les plantations sur les bords du canal de l'Hôpital ; la transaction du 25 mai 1776 porte seulement que « les pro- « priétaires riverains continueront de jouir « à perpétuité des arbres plantés et à planter « sur lesdits bords et de ce qui y croîtra, « sans que par cette jouissance, ils puissent « détériorer lesdits bords ; » lesquels bords ont une largeur d'une canne (deux mètres) de chaque côté.

Quant au canal de Vaucluse, les riverains peuvent planter sur les berges mêmes, puisque le terrain est leur propriété jusqu'à l'axe du canal.

Il ne peut être fait, sans autorisation, aucune plantation sur les cours d'eau soumis à la surveillance du syndicat d'entretien des roubines, fossés d'écoulement et autres du territoire d'Avignon. (*Article 2 du règlement du 22 janvier 1859*). Les riverains ne peuvent entretenir les anciennes plantations nuisibles aux bords des cours d'eau. Notons ici qu'un règlement du vice-légat Filomarino, en date du 15 novembre 1783, prescrivait de ne planter sur les bords des fossés et *mayres* les haies ou cébisses, saules, peupliers et arbrisseaux qu'à la distance de deux pans (50 centimètres).

Le règlement sur les chemins vicinaux de Vaucluse, en date du 7 février 1872, contient des dispositions relatives à la plantation des arbres et des haies sur les propriétés riveraines. (Titre iv. *chap.* i, *sect.* 3, 4, 5.) Les arbres de toutes sortes ne peuvent être plantés qu'à un mètre à partir de la limite extérieure soit des chemins, soit des fossés, soit des talus qui les bordent. La distance des arbres entre eux ne peut être inférieure à huit mètres. Les haies vives ne peuvent être plantées à moins de 50 centimètres de la limite extérieure des chemins; la hauteur des haies ne doit jamais excéder 6 mètres. En outre, les arbres plantés le long des chemins vicinaux, sur les fonds riverains doivent être taillés de manière que, dans une hauteur de quatre mètres au-dessus de la voie, aucune branche ne s'avance au delà de l'arête extérieure de l'accotement. (*Arrêté municipal du 24 avril 1872*).

Il nous reste à traiter la question des fruits pendants chez le voisin, question que le Code civil n'a pas résolue. On décide généralement aujourd'hui que les fruits des branches qui avancent sur le terrain voisin appartiennent au propriétaire de l'arbre, même lorsqu'ils sont tombés ; le passage lui est dû pour les cueillir, moyennant indemnité. Ce-

pendant, chez nous, l'usage est, comme en
Provence, de partager par moitié les fruits
des branches qui avancent sur la propriété
voisine. Le propriétaire du champ couvert
par les rameaux se trouve ainsi indemnisé
du préjudice que l'ombre de ces branches
cause à son champ, et le propriétaire de
l'arbre préfère ce léger sacrifice au préjudice
que lui causerait l'élagage de son arbre. En
effet, celui sur la propriété duquel avancent
les branches du voisin, peut contraindre celui-ci à couper ces branches. *(Art. 672 Code
civil)*. Ce droit est imprescriptible, lors même que le voisin a acquis le droit de conserver des arbres à une distance moindre que la
distance légale. Toutefois, le propriétaire ne
peut couper lui-même les branches qui avancent sur son terrain, à moins d'y être autorisé
par un jugement.

Il vaut donc mieux éviter de pareilles difficultés par une entente conforme à cet usage
si équitable en tous points, plutôt que de
s'armer de l'article 672 et de recourir aux
tribunaux.

Ajoutons qu'il n'en est pas de même pour
les *racines* qui avancent sur l'héritage du voisin ; celui-ci a le droit de les couper lui-même. (art. 672.) Ce droit est imprescriptible

lors même que le voisin a acquis le droit de conserver des arbres à une distance moindre que la distance légale.

Question XIV

Quelles sont les précautions à prendre pour éviter de nuire au voisin, dans certaines constructions ?

Existe-t-il, pour le territoire d'Avignon, des règlements particuliers ou des usages relatifs aux objets spécifiés dans l'article 674 du Code civil ?

§ I. — DES PUITS

Chacun peut, sur son fonds, encore que la source, la fontaine ou le puits du voisin doivent en souffrir, creuser un puits de telle dimension qu'il lui plaît, pourvu qu'il prenne les précautions nécessaires pour garantir le voisin de toute infiltration des eaux. Ainsi, celui qui veut creuser un puits à la proximité soit d'un mur appartenant au voisin, soit d'un mur mitoyen ou susceptible de le devenir, soit de la cave, soit du puits, soit de la fosse d'aisances du voisin, est tenu de faire un contre-mur fondé plus bas que le sol et montant jusqu'au niveau du terrain, comme la maçonnerie sur laquelle se pose la margelle.

Nos Statuts locaux ne prescrivant rien relativement à la distance à observer et à l'épaisseur du contre-mur, on doit, pour la construction d'un puits, recourir à des experts, qui généralement fixent la distance à un mètre, y compris l'épaisseur du mur et du contre-mur.

On donne au contre-mur seul une épaisseur d'un pied (33 centimètres), et on le bâtit circulairement, selon la circonférence du puits. Quelquefois, on joint le contre-mur au mur de séparation qui ne fait alors avec lui qu'un corps de maçonnerie, mais on ne doit jamais faire entrer le mur du puits dans un mur mitoyen, car ce serait violer les droits du voisin.

L'épaisseur de la maçonnerie à un mètre étant ordinairement jugée suffisante, il s'ensuit que s'il y a déjà un mur mitoyen de 66 centimètres d'épaisseur entre deux puits, le contre-mur de chaque voisin peut n'avoir que 33 centimètres d'épaisseur.

S'il n'existe pas de mur entre les deux héritages, celui des voisins qui, le dernier, creuse un puits, peut contraindre le pro-

priétaire du premier puits, à contribuer
aux frais de la maçonnerie intermédiaire.

Tous les puits doivent être entourés d'une
margelle en maçonnerie ou de barreaux en
fer avec appui.

Nous devons ajouter ici qu'un décret du
7 mars 1808 a défendu de creuser, sans autorisation, aucun puits à moins de cent mètres
des nouveaux cimetières transférés hors de
l'enceinte des villes.

§ II. — DES FOSSES D'AISANCES

Un de nos anciens jurisconsultes proven-
çaux abordait ce sujet en disant : *La justice,
comme un soleil, jette son œil partout sans
souiller ses rayons.* Nous ne saurions mieux
commencer ici qu'en usant de ce préambule
aussi pompeux que respectueux envers le
lecteur.

Nos Statuts (Livre I, rubrique 44, *des Privés et Latrines*), s'expriment de la manière
suivante : « Les privés seront bâtis avec une
« muraille jusques à terre, *ædificentur muro
« in terram usque*, et auront sous terre une
« fosse bien fermée, pour le moins d'une
« canne de profondeur et d'une canne de
« largeur. Chaque maison aura son pri-
« vé... »

Dans un but de salubrité publique, la municipalité d'Avignon a pris plusieurs fois des arrêtés ordonnant la construction des fosses d'aisances dans toutes les maisons de la ville, afin d'empêcher les propriétaires et locataires de jeter des urines et matières fécales sur la voie publique, dans les égouts, dans les canaux de Vaucluse et des Sorguettes. Nous devons rappeler ici le dernier arrêté, en date du 18 juillet 1873, qui a remis en vigueur pour le mode de construction des fosses d'aisances l'arrêté du 4 décembre 1839 et a supprimé les tuyaux établis sur le cours des canaux de Vaucluse et des Sorguettes. Voici en son entier l'arrêté du 4 décembre 1839 :

« Article premier. — Dans toutes les constructions de maisons neuves ou les grosses réparations de bâtiments qui seront faites à l'avenir dans cette ville, il ne pourra être construit de fosses d'aisances dans d'anciens puits ou puisards sans refaire les constructions suivant le mode prescrit par le présent règlement.

« Art. 2. — Les fosses d'aisances seront placées, autant que faire se pourra, sous le sol des caves ; dans tous les cas, elles devront toujours être établies au-dessous du niveau de la rue.

« Art. 3. — Il est défendu d'établir des compartiments ou divisions dans les fosses, d'y construire des piliers et d'y faire des chaînes ou des arcs en pierres apparentes.

« Art. 4. — Le fond des fosses d'aisances sera fait en forme de cuvette concave, avec des arrondissements pour effacer les angles du tour avec le fond, qui sera formé d'une couche de béton de 25 centimètres d'épaisseur au moins, fait avec gravier pur du Rhône et chaux de Caumont.

« Art. 5. — Les parements des fosses seront construits en moellons piqués ou pierres de taille, liés à chaux et ciment. Il est défendu d'y employer le plâtre.

« Art. 6. — La hauteur des fosses, quelle que soit leur capacité, ne pourra être moindre de 2 mètres sous voûte.

« Art. 7. — Les fosses seront fermées par une voûte dans laquelle sera pratiquée, pour l'extraction des matières, une ouverture d'un mètre sur 65 centimètres au moins. Cette ouverture sera recouverte par une dalle, et sera, autant que possible, pratiquée au centre de la voûte. — Lorsque cette ouverture correspondra à une cheminée excédant un mètre cinquante centimètres de hauteur, les dimensions ci-dessus spécifiées seront augmentées de manière que l'une de ces dimensions soit égale aux deux tiers de la hauteur des cheminées.

« Art. 8. — Le tuyau de chute sera placé dans une direction verticale; son diamètre intérieur ne pourra être moindre de 25 centimètres.

« Art. 9. — Il sera en outre établi parallèlement au tuyau de chute, un tuyau d'évent, lequel sera construit jusqu'à la hauteur des des souches des cheminées les plus élevées de la maison. L'orifice intérieur des tuyaux de chute et d'évent ne pourra être descendu au-dessous des points les plus élevés de l'intrados de la voûte.

« Art. 10. — La capacité des fosses devra être telle qu'on ne soit obligé, dans aucune circonstance, de repurger plus d'une fois par an la même fosse.

« Art. 11. — Les fosses actuellement existantes qui ne seront point construites selon les exigences du présent arrêté, ne pourront être réparées. Elles seront vidées, supprimées et remblayées. »

Il importe d'ajouter qu'en établissant une fosse d'aisances contre un mur de séparation, mitoyen ou non, il faut faire un contre-mur, parfois adhérent, afin de mieux empêcher tout suintement, ou bien laisser un petit espace pour que l'humidité ne se communique pas au mur de séparation. L'épaisseur de ce contre-mur varie suivant l'étendue de la fosse : si la fosse est creusée en terre, un mur de 40 centimètres suffit; mais si la fosse est en élévation, l'épaisseur du mur varie suivant la largeur de la fosse ; elle est ordinairement de 50 centimètres, les enduits compris. Le mur d'une fosse adossé à un mur mitoyen doit toujours avoir une épaisseur d'au moins 45 centimètres en bonne maçonnerie, indépendamment de l'épaisseur du mur mitoyen.

Il en est autrement dans l'intérieur des bâtiments, où le mur de refend peut servir de mur de fosse.

Lorsqu'une fosse d'aisances est ouverte sur un héritage, à proximité d'un puits placé sur l'héritage voisin, on laisse ordinairement une distance d'un mètre environ entre la fosse d'aisances et le puits placé sur le fonds voisin, en y comprenant l'épaisseur des murs de part et d'autre.

Les tuyaux de descente en poterie doivent être isolés du mur mitoyen ou être garnis sur toute leur hauteur et largeur d'une maçonnerie en briques ou en moellons de 16 à 22 centimètres bourdée en ciment. L'emploi de tuyaux en fonte de fer ne rend pas le contre-mur nécessaire ; mais les tuyaux doivent également être isolés du mur.

Il est toujours prudent, lorsqu'on construit une fosse d'aisances, même près d'un mur de séparation dont on est seul propriétaire, de faire un contre-mur, afin que, s'il plaît plus tard au voisin d'acquérir la mitoyenneté, on ne soit pas obligé d'exécuter de nouveaux travaux, qui seraient alors beaucoup plus coûteux.

Celui qui, soit pour établir une fosse d'aisances plus spacieuse dans un autre endroit, soit pour toute autre raison, abandonne des latrines, doit d'abord les faire vider et faire enlever les terres, sables et matériaux qui s'y trouvent ; c'est seulement après l'exécution de ces travaux que l'on peut combler la fosse.

§ III. — DES CHEMINÉES, ATRES, FORGES FOURS ET FOURNEAUX

Relativement aux cheminées adossées à un mur de séparation, l'usage voulait autrefois que l'on bâtît un contre-mur ; Bonet de St-Bonet le dit formellement : *Fornacem nec foramina cives facere non possunt in*

*muro communi nisi alius murus aut paries
œdificetur, ad combustionis et ignis periculum vitandum.* (Chap. XXXV, par. 65, *Traité
des édifices*). Mais, on a depuis longtemps
remplacé le contre-mur par une plaque de
fonte ou une dalle placée au contre-cœur,
c'est-à-dire au mur formant le fond de la
cheminée.

Quant à l'*âtre*, c'est-à-dire à la place qui
reçoit le combustible, s'il est situé sur des
poutrelles en bois, l'usage est d'abord de
faire des voûtins en brique, afin d'isoler le
bois, ensuite de poser la plaque de l'âtre sur
la couche de béton qui recouvre la voûte.

Pour les fours, forges et les fourneaux,
nos usages prescrivent de laisser le *tour du
chat*, c'est-à-dire un espace vide entre le
four et le mur du voisin, espace qui doit être
au moins de 16 centimètres. On prend les
mêmes précautions pour les tuyaux d'un
fourneau ; car le passage habituel de la
flamme peut brûler les murs tout aussi bien
que le fourneau lui-même.

Nos usages défendent d'adosser des cheminées à des cloisons ou à des pans de bois,
même en usant de la précaution d'un contre-mur, et de faire passer aucune pièce de bois
dans les tuyaux de cheminée.

Mentionnons ici un arrêté municipal du 30 janvier 1824, qui contient les dispositions suivantes :

« Art. 2. — Tous les propriétaires des
« fours, forges et fourneaux, sont tenus de
« les faire vérifier, dans le mois de novem-
« bre de chaque année, par l'inspecteur des
« travaux publics ou son adjoint et de rap-
« porter au bureau de police une attestation
« constatant que lesdits fours, forges et
« fourneaux, ainsi que leurs tuyaux *ont été*
« *trouvés régulièrement construits* et ramonés. »

§ IV. — DES ÉTABLES, DÉPÔTS DE FUMIERS, MAGASINS DE SEL ET AMAS DE MATIÈRES CORROSIVES.

Les étables (vacheries, bergeries, écuries), doivent avoir un contre-mur de 25 centimètres d'épaisseur en bonne maçonnerie, et d'une hauteur telle qu'il atteigne les mangeoires.

Les Statuts du terroir de Pernes (art. 31) prescrivent *un contre-mur de deux pans d'é-paisseur bien bâti*. En consultant le *Traité des édifices* de J.-F. Bonet de St-Bonet, on trouve qu'il a toujours été d'usage chez nous de faire un contre-mur pour les dépôts de fumiers et autres. *Stabula animalium et fimus sunt damnosa in civitatibus.* (Chap. LXIV,

n° 7). *Fimus non potest reponi contra mu-*
rum proprium vicini, nisi alius murus ædifi-
cetur..... *Nihil potest reponi per quod murus*
communis aut vicini deterior fiat..... (LII, n°ˢ
51 et suivants).

Un arrêté municipal du 23 décembre 1843
a défendu, dans un but de conservation, les
dépôts des fumiers contre les remparts d'A-
vignon.

Un autre arrêté municipal, du 14 septembre
1849, renferme une disposition que nous
croyons utile de rapporter ici :

« Art. 2. — Il est défendu de faire aucun
« dépôt de fumiers dans l'intérieur des mai-
« sons, cours, écuries, remises et jardins,
« comme aussi d'y creuser ou conserver des
« fosses à fumier, vulgairement appelées
« *yogues.* »

Les co-propriétaires d'un mur mitoyen ne
peuvent y adosser ni fumiers, ni cloaques, ni
matières corrosives, ni terres jectisses, en un
mot rien qui puisse nuire au mur par l'humidité, la pression ou autrement. Le contre-
mur à établir, pour les cloaques, et les dépôts de matières corrosives, doit être de
25 centimètres et dépasser en hauteur l'en-
tassement des matières. On comprend que la
hauteur ne peut être fixée *a priori*, car elle

dépend de la plus ou moins grande quantité de matières amoncelées contre le mur.

Ordinairement, les dépôts de sel sont placés dans des carrés en planche.

Si l'on met le dépôt de fumiers ou de matières corrosives sur un local ou sur une cave appartenant à autrui, on est obligé de faire un double carrelage établi en pente.

On doit joindre à l'énumération des ouvrages qui, en vertu de l'art 674 ne peuvent être faits qu'avec certaines précautions l'adossement au mur voisin d'une voûte ou d'un arceau dont la poussée pourrait le faire surplomber. En effet, l'usage oblige de faire un contre-mur aux voûtes et arceaux pour empêcher qu'ils ne fassent déverser le mur mitoyen. L'épaisseur du contre-mur varie selon le diamètre de la voûte, et la nature des matériaux, mais ne peut être moindre de 33 centimètres.

Il faut également prendre certaines précautions, lorsqu'on veut diriger le long d'un mur de séparation mitoyen ou non des canaux destinés à la conduite des eaux ou à leurs réservoirs, des éviers, de pareils ouvrages engendrant beaucoup d'humidité et pouvant occasionner des infiltrations nuisibles; l'usage est de faire un contre-mur, dont l'épaisseur varie de 20 à 50 centimètres environ, ou de les éloigner du mur voisin d'une distance égale.

Nous devons faire observer, en terminant cette question, que malgré les précautions prises afin que les nouvelles constructions ne nuisent pas au voisin, et quoique pour ces constructions on se soit conformé à l'usage des lieux, si les intermédiaires ou les distances sont insuffisants, le dommage souffert par la propriété voisine doit être réparé. Le voisin peut en conséquence demander des dommages-intérêts et même la démolition des nouvelles constructions, s'il n'est pas possible d'empêcher pour l'avenir de semblables inconvénients.

Question XV

Quelles sont les conditions prescrites par les règlements ou usages pour l'exercice des différents droits de passage ?

Quelle est la largeur à laisser, suivant les différentes servitudes de passage ? (Art. 682 C. c.)

La servitude légale de passage était reconnue par notre ancienne législation. En la conservant, le Code s'est abstenu de fixer la largeur du passage, afin qu'on pût la fixer dans chaque localité d'après l'usage et les besoins de la propriété enclavée.

Si donc les titres ne déterminent pas quelle doit être la largeur affectée à cette servitude, il faut se conformer aux dimensions fixées par les règlements ou les usages.

Remarquons, toutefois, qu'il n'est question ici que des chemins privés, la largeur des chemins publics étant fixée par les lois administratives.

De même, il ne faut pas confondre le droit de passage en cas d'enclave, et le droit de passage ordinaire (passage de commodité) qui constitue une servitude discontinue.

Le territoire d'Avignon est divisé par *clos* ou quartiers qui sont bordés par des chemins publics ou par des chemins *voisinaux* (1).

Nos Statuts (*Rubrique 54*) s'occupent longuement du passage dans les propriétés d'autrui :

« Celui qui a une propriété n'ayant aucun

(1) *Territorium avenionense distinguitur per clausa sive territoria particularia..... Declarantes clausum esse quo circum circa viis publicis vel etiam vicinialibus circumdatur.* (*Statuts d'Avignon*, Livre I, rub. XLVIII, art. 1 et 2).

« passage pour aller au grand chemin, qu'en
« passant dans les propriétés voisines ,
« prendra son passage dans le fonds voisin
« jusqu'au grand chemin et avec le moins de
« dommage que faire se pourra...»Cette règle
est conforme à l'article 684 du Code civil.

« ... S'il se trouve deux fonds également
« proches dudit chemin, il passera par ce-
« lui qui sera le plus proche de la ville. Si
« le fonds le plus proche est une vigne, il
« n'y passera point, mais par un autre fonds
« plus proche du chemin public, quoiqu'il
« soit plus éloigné de la ville. Si sa propriété
« est enclavée et touche à la Sorgue ou à un
« autre cours d'eau, il pourra jeter un pont
« sur cette eau courante pour lui servir de
« passage.

« S'il s'agit de vignes entourées de petits
« sentiers, vulgairement appelés *rares*, il
« passera par la rare la plus proche tant du
« chemin que de sa vigne, avec le moins de
« dommage, et ne passera pas avec bête,
« charrette ou voiture..... »

En outre, la rubrique 53 de nos Statuts
porte : « Les chemins de traverse qui servent
« pour aller aux différentes possessions du
« terroir auront deux cannes et demie, et les
« chemins voisinaux, dix pans. »

Autrefois, dans l'État d'Avignon, on divisait, comme aujourd'hui, les chemins voisinaux ou agricoles en deux catégories :

1º Le chemin de souffrance ou de service, dû à un propriétaire pour l'utilité de son fonds, appelé sentier ou viol, et vulgairement *drayoou*.

D'après nos usages, la largeur du sentier ou *drayoou* varie de deux à quatre pans (de 50 centimètres à un mètre) ; cette largeur suffit pour le passage d'un homme ou d'une bête chargée. Quelle que soit sa largeur, il ne cesse pas d'appartenir au propriétaire du fonds ; celui à qui il est dû, ne s'en sert que pour le passage (1).

2º Le chemin d'exploitation qui sert aux divers propriétaires d'un même quartier et dont l'entretien est à leur charge. Il importe d'ajouter que ce chemin forme souvent un impasse plus ou moins long, et alors il est connu

(1) Nous trouvons dans les *Statuts du terroir de Pernes* (1765) à l'article 35, les dispositions suivantes : « Les chemins appelés *viols*, que les particuliers sont « obligés de se donner les uns aux autres pour aller « dans leurs terres, doivent avoir quatre pans de lar- « geur, à pouvoir y passer une bête chargée. Ce petit « chemin ou viol sera toujours donné du côté d'un « grand chemin le plus près de la ville et à l'endroit « le moins dommageable. »

plus particulièrement sous le nom de *rare pe-
louse* (1) ; il part d'un chemin public et se
perd dans les terres, sans avoir de sortie.
La largeur de la rare-pelouse est de dix pans
(2 mètres 50 centimètres), afin de pouvoir
servir au passage des charrettes. Comme ce
chemin est la propriété des co-usagers riverains, la distance à observer pour les plantations part de l'axe de la rare-pelouse (2).

Mais, aucune distance n'est prescrite pour
les plantations faites au bord d'un chemin
de souffrance ; il suffit qu'elles ne gênent pas
l'exercice du droit de passage.

D'après trois règlements émanés, le premier du vice-légat Salviati, à la date du 20
mai 1713 ; le second, du vice-légat Lercari, à
la date du 20 mars 1741, et le troisième du
vice-légat Filomarino, à la date du 15 novembre 1783, la largeur des chemins voisinaux était de dix pans, non compris les fos-

_____

(1) C'est-à-dire terrain inculte couvert d'herbe me-
nue.

(2) Il importe de retenir que les chemins privés ou
voisinaux, ainsi que les sentiers, ne constituent que
des propriétés particulières ou plutôt des servitudes.
Les entreprises qui s'y commettent ne sont que des
atteintes au droit de propriété et non des contraven-
tions aux règlements de voirie. Tout ce qui concerne
ces chemins est de la compétence de l'autorité judiciaire.

5

sés ou *mayres* qui peuvent les border. S'il existait des deux côtés une muraille ou une haie, cette largeur était portée à douze pans (3 mètres) et même plus, dans les contours.

En effet, cette largeur peut être parfois insuffisante pour l'exploitation d'un fonds, aujourd'hui surtout que le transport par charrettes a été substitué au transport par bêtes de somme ; car il faut que les chemins soient tels que les charrettes puissent s'y rencontrer sans inconvénient, ce qui entraîne une largeur de 6 mètres, sinon partout, du moins en certains endroits, afin qu'elles puissent aisément se croiser ; il faut principalement donner aux chemins assez de largeur aux coudes pour que les longues échelles des charrettes ne dégradent pas les murs.

Aussi les tribunaux ont-ils la faculté d'accorder une largeur plus grande que celle portée par les règlements ou les usages locaux, en indemnisant le voisin pour le terrain sur lequel la largeur est prise.

Toutes les dispositions que nous venons de rapporter sont encore suivies chez nous et servent à régler les différentes servitudes du passage.

Question XVI

DU BAIL A LOYER

Quelle est la durée ordinaire des baux à loyer ?

Quelles sont les époques d'entrée en jouissance, celles de la sortie et du payement du loyer ?

A quelle époque, suivant les différents baux à loyer, au mois ou à l'année, les congés peuvent-ils être utilement donnés ?

Quel est le temps accordé au locataire pour enlever ses meubles ?

A quels signes reconnait-on la tacite reconduction ?

Quelles sont les réparations locatives admises par l'usage ?

(Articles 1736, 1738, 1754, 1758 et 1759 du Code civil).

Usus et consuetudo in locatione prævalent, dit un adage que notre Code civil a complétement sanctionné. C'est surtout dans les contrats de louage que l'application des usages locaux peut présenter des difficultés. Ainsi, le délai pour les congés, lorsque le bail a été fait sans écrit, varie d'une étrange façon selon les localités et selon la destination des lieux loués. « On aurait désiré, dit « Rogron, rendre ces délais uniformes pour « toute la France, mais comme ils sont « basés ordinairement sur les localités, les « habitudes et le commerce des divers pays, « comme d'ailleurs on y est fort attaché, le « législateur a cru devoir les respecter. »

Dans la ville d'Avignon, les maisons se louent à l'année, ainsi que les divers corps de logis, magasins, boutiques et appartements non meublés. Les appartements meublés ou chambres garnies se louent au mois.

Il n'y a pas d'époque fixe d'entrée en jouissance ou de sortie.

Les loyers se paient d'avance, de six mois en six mois, rarement de trois mois en trois mois. Le prix des appartements meublés est également payé d'avance, au commencement du mois à courir.

De plus, il est assez d'usage chez nous, en matière de location, de donner et d'exiger des *arrhes*. On appelle ainsi une somme modique donnée au propriétaire par le futur locataire à compte du prix de la location et qui établit la conclusion du contrat de louage.

Les Statuts d'Avignon *(Livre I, Rubri-*

que LXVI), traitent de la précise observation des contrats et s'expriment de la manière suivante :

« Les contrats de louage et autres conven-
« tions, après que les parties, ou autre per-
« sonne au nom d'icelles, auront donné les
« arrhes, ou, comme l'on dit, le denier à
« Dieu, seront fermes et irrévocables, les-
« dites parties seront tenues de les observer
« et accomplir précisément, payer le prix,
« livrer la chose louée et effectuer tout ce
« dont elles auront convenu. »

Les arrhes sont la peine du dédit, qui reste
facultatif à chaque partie. Ainsi, le futur locataire qui ne se présente plus, soit pour
prendre possession des lieux au jour fixé, soit
pour compléter le prix de sa location payable
d'avance, perd les arrhes qu'il a données.
Au contraire, le propriétaire qui ne veut
plus louer à la personne dont il a reçu des
arrhes, est obligé de les doubler, c'est-à-dire
de rendre la somme reçue, plus une somme
égale.

Le propriétaire est tenu de donner congé
deux mois avant l'expiration du bail ; mais,
chose étrange ! le locataire n'est pas obligé
d'avertir le propriétaire, il peut sortir le
dernier jour du bail et *mettre les clefs*

sous la porte, comme dit une expression énergique et vulgaire. C'est là, en vérité, un usage aussi bizarre que constant et reconnu chez nous : on nous a assuré qu'un acte de notoriété dressé en 1857 par les juges de paix d'Avignon l'avait régulièrement constaté; mais, malgré toutes les recherches que nous avons faites, il ne nous a pas été possible de trouver cet acte, dont nous aurions voulu rapporter ici la teneur même.

Cet usage nous a paru avoir sa base dans nos Statuts (1) ; en effet, nous y voyons que le propriétaire qui voulait changer de locataire devait, *deux mois avant l'expiration du terme de la location,* avertir le locataire en possession et lui demander s'il entendait continuer le bail aux conditions et prix du futur locataire. A cette sommation, le locataire en possession devait, dans les huit jours, faire connaître sa réponse.

Au surplus, nous avons entendu expliquer cet usage de la manière suivante : le locataire payant d'avance est à terme tous les six

(1) « Locator conductori, per duos menses ante « finem locationis, intimaverit en velit domum reti- « nere pro pretio et pactis quibus est alteri locatu- « rus..... » (Livre 1, Rubrique 50, *Des maisons à louage.*)

mois, le propriétaire le sait et n'a donc pas besoin d'être prévenu. Cette raison est évidemment plus spécieuse que solide ; elle serait, à la rigueur, admissible, si le propriétaire pouvait louer sans retard, le lendemain même de la sortie de son locataire ; mais comme presque toujours il n'en est rien, le propriétaire éprouve un préjudice réel. Aussi, nous pensons qu'un pareil usage, fondé sur la routine et qui constitue souvent un abus véritable, un procédé nuisible et dangereux (bien entendu de la part de ceux qui ne pratiquent guère les règles du savoir-vivre) ; un usage aussi contraire à l'équité et à l'esprit de la loi, qui veulent que le bail soit un contrat synallagmatique et produisant des obligations réciproques, devrait être supprimé et remplacé par le délai de deux mois, qui lie le propriétaire. En effet, la réciprocité en matière de délai pour les congés ne serait que justice.

Relativement aux chambres garnies et appartements meublés, la durée du bail est déterminée par le mode de paiement ; chez nous, le bail est fait ordinairement pour un mois. Il cesse donc à la fin de chaque mois ; mais, afin d'éviter la tacite reconduction, l'usage veut que l'on se donne *réciproque-*

ment (1) congé un mois d'avance, c'est-à-dire au moment du payement. Si le locataire quitte avant la fin du mois et qu'il y ait plus d'une quinzaine d'écoulée, on ne rend rien sur le terme courant qui a dû être payé d'avance.

En somme, les délais pour les congés, à défaut de conventions verbales ou écrites, sont les suivants :

1° Pour les loyers — de chambres ou d'appartements non garnis, — de maisons urbaines, boutiques, magasins, écuries et caves, — pour les maisons rurales sans tènement de terre y attenant, ou avec tènement si faible qu'on ne puisse considérer le loyer de la maison comme fait en vue d'une exploitation agricole, le propriétaire est tenu de donner congé deux mois avant l'expiration du bail.

2° Pour les chambres ou appartements garnis dont le loyer est au mois, l'usage exige un congé ou un avertissement soit de la part du propriétaire, soit de la part du locataire donné un mois à l'avance.

Le congé peut être donné verbalement ou

(1) A la différence des baux des logements non meublés, pour lesquels, comme nous l'avons vu, la réciprocité n'existe pas.

par écrit. Le congé verbal, peut engendrer de graves inconvénients, en ce sens que si l'une des parties le nie, l'autre ne peut invoquer la preuve testimoniale, même lorsque le loyer annuel n'excède pas 150 fr.

Souvent même, le congé se donne et s'accepte par lettres échangées entre le propriétaire et le locataire; mais, il vaut mieux, lorsque l'une des parties accepte à l'amiable le congé qui est donné par l'autre, rédiger un acte sous seing-privé en doubles originaux, pour éviter plus tard toute contestation sur la validité du congé.

Il arrive souvent, à Avignon, que le propriétaire se contente de donner congé dans la quittance du loyer payé par anticipation ; nous ne saurions trop détourner d'un semblable moyen, parce qu'aux yeux de la loi un congé de cette nature n'est pas valable comme congé sous - seing privé , puisque la preuve de l'existence du congé se trouve entre les mains du locataire et dépend de sa volonté ; car, s'il a intérêt à ne pas déménager il niera la quittance, paiera une seconde fois son terme et contraindra ainsi le propriétaire à le laisser jouir des lieux jusqu'à la fin du terme suivant.

Notons ici que le locataire, qui trouve que

le congé est irrégulier ou donné hors du temps voulu, ne doit pas attendre pour le dénoncer que le terme échoie ; son silence pourrait être regardé ou comme une approbation du congé ou comme un dessein de nuire.

Ajoutons qu'il est nécessaire de donner congé, même dans le cas d'un bail dont la durée est déterminée, quand, comme cela se pratique souvent, le bail contient des termes auxquels il est loisible au propriétaire ou au locataire de le résoudre après trois, six ou neuf ans. Il est d'usage, en pareil cas, d'indiquer dans l'acte écrit, de combien de temps le congé-avertissement doit précéder la première ou la seconde période. Mais lorsque le bail ne contient pas de clause à cet égard, on suit, pour le congé, le délai de deux mois.

A partir du moment où le locataire a donné ou reçu congé, il doit laisser mettre l'écriteau et visiter le logement aux personnes qui se présentent pour louer. Ces sortes de visites n'ont guère lieu avant dix heures du matin et après cinq heures du soir, car l'obligation de faire voir les logements ne va pas jusqu'à contraindre le locataire à les laisser visiter trop tôt le matin ou trop tard le soir. Le propriétaire ne peut forcer le locataire à laisser voir les lieux à une époque autre que celle de la signification des congés. Si le locataire s'absente, l'usage veut qu'il laisse à son représentant ou au propriétaire les clefs des lieux à louer.

On n'accorde pas de délai pour déménager ; le jour même de l'expiration du bail, les lieux doivent être vidés et les clefs remises avant la nuit au propriétaire.

Autrefois cependant, il était d'usage chez nous de demander un délai pour opérer l'enlèvement des meubles. Une ordonnance du vice-légat Salviati, en date du 27 mai 1713, avait réglementé ce point, qui engendrait de nombreux abus ; les juges accordaient au locataire pour sortir un seul et unique délai d'un mois, qui se comptait du jour où la location écrite ou verbale était expirée ; à la fin du mois l'expulsion avait lieu immédiatement.

Aujourd'hui, le délai pour déménager est laissé à l'appréciation du juge de paix, qui peut l'accorder ou le refuser.

Si, à l'expiration du bail écrit, le locataire reste et est laissé en jouissance, il s'opère une nouvelle location dont la durée est, chez nous, de six mois. C'est ce qu'on appelle *la acite reconduction*.

Aucun laps de temps n'est fixé par nos usages pour que la tacite reconduction soit considérée comme accomplie; elle s'induit du silence mutuel des parties; mais il faut que la jouissance ait lieu au vu et au su du propriétaire et non d'une manière furtive, et que l'ensemble des circonstances indique suffisamment le consentement du propriétaire à laisser le locataire en possession. Pour faire cesser le bail, il faut que le propriétaire donne congé au locataire deux mois à l'avance ; sans quoi, tant qu'il n'y aura pas de congé signifié, il s'opèrera un nouveau bail qui durera encore six mois, et ainsi de suite.

Il nous reste maintenant à traiter des réparations locatives. Par ce mot, le Code entend les réparations de menu entretien (1).

_____

(1) Les réparations sont de trois sortes : les grosses réparations, les réparations de gros entretien et les réparations de menu entretien ; ce sont ces dernières qu'on nomme *locatives*.

D'après la loi et d'après l'usage, les réparations *à la charge du propriétaire* sont celles à faire : 1° aux voûtes, aux murs de refend, aux poutres, aux poutrelles, aux lambourdes, aux planchers, aux pans de bois de refend portant planchers, aux escaliers, aux toits et couvertures, aux murs de clôture. (Ces dispositions sont applicables aux baux à ferme comme aux baux à loyer) ; — 2° aux manteaux et souches de cheminée, aux murs, voûtes et planchers des fourneaux

Elles ont été laissées à la charge du locataire, parce qu'elles ne sont ordinairement nécessaires qu'à la suite d'actes de négligence, de maladresse ou de mauvais vouloir, soit du locataire lui-même, soit des personnes de son habitation. Quand, au contraire, elles sont occasionnées par vétusté, par cas fortuit ou par force majeure, elles sont à la charge du propriétaire *(Art. 1755)*. Il en est de même lorsque la dégradation provient d'un vice de la chose louée.

S'il n'a pas été fait d'état des lieux, le locataire est présumé les avoir reçus *en bon état*

potagers, aux murs, voûtes de dessous et tuyaux de four appartenant à la maison; —3° aux aires de plâtre des appartements et des escaliers qui ne sont point carrelés ; 4° aux marches de pierre cassées par le tassement ou le fléchissement des murs qui les portent ; — 5° aux plates-bandes de pierre, au pourtour des murs , cassés par les charges de plâtre qu'on a mises dessus en enduisant les murs contre lesquels elles sont posées ou par les lambris posés dessus à force ; — 6° aux pavés des grandes cours et écuries; 7° aux portes, fenêtres, fermetures, volets des appartements, châssis, panneaux de menuiserie, lambris, parquets, vitres (cassées par vétusté ou par force majeure), pavés, carreaux, tuyaux de fer, de plomb ou de grès, treillages et généralement à tous les objets de maçonnerie, menuiserie, serrurerie, qui ont été brisés, détériorés, endommagés par vétusté, par force majeure, par le vice de la matière ou par un défaut de construction.

de réparations locatives, et doit les rendre tels, sauf la preuve contraire. *(Art. 1731, C. C.)*

Les prescriptions du Code à ce sujet *(art. 1754)* ne sont pas limitatives; il en est d'autres consacrées par l'usage des localités et par la jurisprudence.

L'usage, à Avignon, met à la charge du locataire les réparations suivantes :

1° Le ramonage annuel des poêles et des cheminées. D'ailleurs, un arrêté municipal du 9 septembre 1854, qui a prescrit certaines mesures pour prévenir les incendies, si fréquents dans la commune d'Avignon, porte :

« Art 2. — Il est enjoint à tous les pro-
« priétaires et locataires de faire ramoner,
« au moins une fois par an, les cheminées
« de leurs maisons et tous tuyaux conduc-
« teurs du fumée. »

2° L'entretien des croissants de cheminée. Il y a lieu également à réparations locatives pour le bris des plaques de fonte qui servent de contre-cœur aux cheminées ;

3° L'entretien des panneaux, battants ou lames de parquets, des cloisons et lambris d'appartements brisés ou dégradés ;

4° L'entretien des placards ou armoires et de leurs étagères, des volets, contrevents,

chambranles des portes, des tables-conso-
les, des glaces, des dorures, sculptures, tru-
meaux, dessus de porte, encadrements, des
tentures et tapisseries déchirées ou salies (1);

5° L'entretien des treillis en fil de fer ou
en laiton ; des tringles de fer des croisées et
de leurs supports, des grilles et balcons aux
quels il manquerait quelque pièce ou quelque enroulement aux barreaux ;

6° L'entretien des poulies, seaux, mains
de fer, chaîne et corde des puits ; l'entretien
des poulies de greniers ;

7° Le remplacement des pierres à laver
et carreaux des cuisines, brisés, écornés ou
détériorés par son fait et non lorsqu'ils sont
simplement ébranlés ou déchaussés ;

8° L'entretien des fourneaux de cuisine,
briques et grilles des potagers, grille et orifice du tuyau des éviers ;

9° L'entretien des piston, tringle et ba-
lancier de la pompe ;

10° Le nettoyage des conduits d'écoulement des eaux ménagères. —Les réparations

_____

(1) Il n'y a pas lieu à réparations pour les trous que
le locataire a pratiqués dans les murs ou plafonds
pour accrocher des tableaux, poser des patères, cou-
ronnes de lit, etc... Il n'a fait qu'user de la chose
louée.

aux tuyaux de descente des eaux pluviales et ménagères et de leur dégagement sont à la charge du propriétaire, lorsque la grille placée à l'orifice est en bon état ;

11° La réparation des fuites et dégradations survenues à des appareils d'éclairage au gaz, servant personnellement au locataire ;

12° Les cuvettes de siéges d'aisances et autres appareils étant d'un usage quotidien, leur entretien est à la charge du locataire, qui doit réparer les dégradations faites par maladresse ou par violence. Les dégradations provenant de l'usure ou des vices de fabrication sont à la charge du propriétaire ;

13° Les réparations à faire aux vases de fleurs et bancs de jardin, lorsqu'ils sont en faïence, en fonte, en fer ou en bois ;

14° L'entretien des sonnettes et sonneries électriques. D'après l'usage, le propriétaire n'est pas tenu de faire poser des sonnettes dans l'intérieur de la maison ou de l'appartement loué, les sonnettes des portes d'entrée sont seules à sa charge ;

15° L'entretien de l'aire des fours et de la voûte supérieure sont à la charge du locataire ; le propriétaire est tenu d'entretenir les murs du four, la voûte de dessous, le tuyau ou la cheminée ;

16° Relativement aux écuries et remises, les trous faits dans la maçonnerie des mangeoires doivent être rebouchés aux dépens du locataire. Lorsque le devant d'une mangeoire est rongé par les chevaux, le propriétaire est en droit d'exiger qu'un devant neuf soit remis à cette mangeoire. Les râteliers avec leurs roulons, les auges, les piliers et les barres ou planches servant à séparer les chevaux entre eux, sont entretenus par le locataire, à moins qu'ils ne soient détruits par vétusté ou force majeure ;

17° Les réparations à faire aux barrières et aux bornes des cours à voiture

Lorsque la cour est plantée, les arbres et arbrisseaux doivent être rendus en même nombre et de même espèce qu'au commencement du bail, et, s'il en meurt quelques-uns, les locataires doivent les remplacer. — L'entretien des parterres, plates-bandes et gazons incombe également aux locataires.

Quant aux bassins et jets d'eau, les locataires sont tenus des réparations des conduits de fer, plomb ou terre cuite, que la gelée a fait crever, quand ils ont laissé des eaux ; mais quand les eaux des bassins et jets d'eau viennent par les canaux publics, alors les accidents causés par la gelée ne sont plus à leur charge.

La couverture d'une cour est assimilée à la couverture d'un bâtiment ; d'où il résulte que les frais de confection et d'entretien de cette couverture incombent au propriétaire. Ce dernier agira donc sagement en faisant établir un treillage au-dessus de la couverture, si elle est en vitrage. Toutefois, s'il existe dans cette couverture un ou plusieurs châssis ouvrants, ces châssis sont assimilés aux croisées, et, dès lors, le locataire du sol de la cour reste chargé des réparations locatives dont ils seraient susceptibles.

Les réparations locatives au pavé des grandes cours ne sont à la charge des locataires que lorsqu'il s'y trouve quelques pavés hors de place; mais ceux qui sont cassés, ébranlés ou écrasés doivent être réparés par le propriétaire, parce que les lieux sont destinés à supporter des voitures, chariots et autres choses d'un poids considérable. En effet, le propriétaire en louant a dû s'attendre à ces dégradations occasionnées par les voitures et par les chevaux ; dégradations que l'on ne peut, au reste, imputer aux locataires, lorsqu'ils n'ont joui des lieux loués que suivant leur destination. Il en est de même de la dégradation des joints et de la déformation des pentes.

Dans les petites cours où il n'entre pas de voitures, le locataire est tenu de réparer les pavés qui sont cassés et de remplacer ceux qui manquent, à moins que ces défauts ne viennent de la vétusté ou de la mauvaise qualité des pavés, ce qui se présume quand une grande partie des pavés se trouve en mauvais état.

L'entretien des pavés qui ne sont qu'ébranlés n'est pas à la charge du locataire, parce que les cours sont exposées aux intempéries de l'air, causes naturelles de destruction.

Tous les locataires d'une même maison ont droit à l'usage de la cour de cette maison, comme ils ont droit à l'usage des lieux d'aisances, à moins que le propriétaire n'ait stipulé formellement que la cour serait à l'usage exclusif de tel locataire.

En effet, par sa destination naturelle, une cour sert à éclairer les appartements, à scier et fendre le bois, à puiser de l'eau, à effectuer des lavages et nettoyages momentanés, à carder temporairement les matelas, à faire accidentellement des emballages et des déballages, à secouer les habits, torchons et tapis d'appartements. De plus, si la cour est accessible aux voitures, elle sert au service des écuries et des remises, c'est-à-dire au

pansement des chevaux, au nettoyage des
voitures et harnais, à l'approvisionnement
des fourrages et à l'enlèvement des fumiers.

Mais, lorsque le sol de la cour est loué
particulièrement à un locataire, un usage
constant et reconnu partout veut que les autres locataires aient toujours le droit de secouer, par les fenêtres sur la cour, les habits,
torchons et tapis d'appartements, surtout
en présence des règlements de police défendant
de faire ces nettoyages sur la rue.

Que la cour soit affectée à une industrie
et louée comme telle, ou quelle soit commune à tous les locataires, cette cour doit
être tenue en bon état de propreté, et les locataires qui ne jouissent pas du sol sont fon-
dés à l'exiger. En conséquence, on ne doit
y faire aucun dépôt permanent ou y jeter
aucuns objets autres que les menues ordures
et la poussière provenant des tapis ; les eaux
ménagères sont versées dans les cuvettes et
réceptables disposés à cet effet et ne doivent
arriver dans la cour que par les tuyaux de
descente.

Le balayage et l'éclairage de la cour sont
supportés en proportion du développement
de la façade de chaque corps de logis sur la
cour commune.

A Avignon, les locataires sont obligés de
loger les militaires de passage, quand les casernes ne suffisent pas. De plus, ils sont tenus de satisfaire aux charges de police et de
ville, comme, par exemple, le balayage et
l'arrosage du devant de la maison, lesquels
sont spécialement à la charge du locataire du
rez-de-chaussée. D'ailleurs, chaque année
un arrêté municipal oblige tous les habitants
et locataires à balayer et arroser, matin et
soir, la partie de la voie publique au-devant
de leurs maisons, magasins, jardins et autres
emplacements, jusqu'au milieu de la chaus-
sée. La cloche de l'Hôtel de Ville annonce
l'heure de l'arrosement, qui n'a jamais lieu
qu'en été.

Nous devons faire observer qu'à Avignon,
le propriétaire est chargé du paiement des
impositions des portes et fenêtres. Cet usage
a été reconnu et consacré par plusieurs ju-
gements du Tribunal d'Avignon, dont le
dernier est du 3 janvier 1876. Le propriétaire paie donc ces impositions sans les ré-
clamer jamais au locataire.

Le propriétaire paie également les droits
de déclaration et d'enregistrement pour locations verbales, perçus en vertu des lois du
23 août 1871 et du 29 février 1872, mais

avec recours contre le locataire, qui lui en rembourse le montant en payant son loyer.

Question XVII

DU BAIL A FERME

Quelle est, dans le territoire d'Avignon, la durée des baux à ferme ?

Quelles sont les époques d'entrée en jouissance, de sortie et de payement des fermages ?

Quelles sont les réparations locatives à faire par le fermier, ainsi que les travaux d'entretien laissés à sa charge ?

Quand les congés doivent-ils être donnés ?

Combien de temps accorde-t-on au fermier pour avoir entièrement vidé les lieux ?

A quels signes reconnaît-on la tacite reconduction ?

Quelles sont les facilités données par le fermier entrant au fermier sortant, et réciproquement ?

(Articles 1736, 1738, 1774, 1775, 1776, 1777, 1778 du Code civil).

On appelle *fermier* celui qui prend un bien rural à bail, moyennant une redevance fixe, consistant soit en argent, soit en denrées, soit partie en argent et partie en nature.

Celui qui cultive sous la condition d'un partage de fruit avec le propriétaire s'appelle plus particulièrement *colon partiaire* ou *métayer* ; il est plutôt un associé qu'un preneur à ferme.

Nous allons résoudre successivement les diverses questions qui ont trait à nos usages locaux, tant pour le bail à rente fixe que pour le bail à mi-fruits.

§ I. — DU BAIL A RENTE FIXE

Dans le territoire d'Avignon, les baux à rente fixe ont habituellement une durée de six, sept ou neuf ans, parfois avec faculté de résilier au bout de deux ou trois ans, en se prévenant un certain temps à l'avance.

Ils commencent et finissent à la Madeleine (22 juillet). Par exception, à cause de certaines cultures, le bail commence quelquefois à la Toussaint pour finir à la même époque.

Pour les prés, qui ne font pas partie d'une exploitation, le bail commence le plus souvent le 2 février.

Les prairies naturelles et artificielles qui font partie d'une exploitation sont exclusivement au fermier entrant le 22 juillet ; il doit, en sortant, laisser à son successeur les coupes à faire.

Que le bail soit à rente fixe ou à mi-fruits, les prairies naturelles doivent être fumées tous les deux ans. Elles sont coupées en trois coupes, dont la dernière à la Saint-Michel (1).

Le regain appartient au fermier entrant.

Quant aux prairies artificielles, la luzerne, qui est la plus importante de toutes, fournit cinq coupes annuelles.

Les baux sont censés faits pour un an, quand leur durée n'est pas limitée ; il n'y a d'exception que pour les terres en garances (3 ans) (2), pour les luzernières (3 à 6 ans suivant la nature du terrain), et les terres à sainfoin (2 ans).

---

(1) On fait trois coupes de foin sur une prairie, et on pourrait, au besoin, en faire quatre ; mais on se borne à faire brouter sur place l'herbe qui pousse après la troisième coupe.

(2) Car les garances restent en terre 18 mois en moyenne (par exception 30 mois) et le fermier a le droit de jouir de la bonification pour une récolte de blé, mais le propriétaire a le droit de lui payer cette bonification, et le fermier ne saurait refuser.

Remarquons que si les terres à sainfoin sont censées louées pour deux ans, il ne saurait résulter de là qu'un fermier puisse, en faisant du sainfoin ou de la luzerne la dernière année de son bail, en prolonger la durée. Le sainfoin semé ne lie point les parties, et le propriétaire aurait le droit, dans ce cas, de reprendre sa terre jusques avant l'hiver qui en précède la récolte, en remboursant au fermier le prix de la graine employée, mais non le prix du travail.

A moins de conventions contraires, le bail verbal pour les terres en garance est censé fait au moins pour trois ans. La raison en est que la garance doit rester en terre une période de 18 mois pour arriver à complète maturité ; le guéret reste au fermier, qui a le droit de le semer en blé ; le bail dure donc trois ans.

En effet, dans l'usage du pays, comme d'après l'article 1774 C. C., les baux des terres faits sans écrit sont censés faits pour le temps nécessaire pour que le preneur recueille tous les fruits que peut produire l'héritage affermé. Mais comme la culture de la garance exige des travaux préalables et des préparations d'engrais et de terrains qui commencent dès le mois de novembre, les fermiers ou mé-

tayers pour avoir constamment des garances
à extraire toutes les années, ont à préparer et
à ensemencer chaque année, au 1er novembre,
en garance, de nouvelles terres ; dans le silence du propriétaire, un nouveau bail recom-
mence par tacite reconduction, et toujours
pour une durée de trois ans. Pour faire cesser
le bail, le propriétaire doit donner congé un
an à l'avance, le premier novembre. Par suite
de ce congé, le fermier doit s'abstenir de faire
de la garance, ou s'il en fait, c'est à ses risques et périls.

Pour les oseraies, le bail fait sans écrit
dure un an ; il commence à la Toussaint,
mais le fermage se paie à la Madeleine suivante.

L'usage général veut que le fermier sortant ne reçoive aucune indemnité pour les
oseraies et saules qui n'ont pas atteint
l'âge de la coupe (3 ans) ; de même il n'a
plus aucun droit sur les coupes après sa sortie parce qu'il a trouvé, en entrant, les bois
divisés en coupes régulières et à peu près
égales. La dernière coupe a dû être effectuée
au mois de mars qui a précédé sa sortie.

Le fermier sortant qui a excédé les coupes
annuelles ou a coupé avant l'âge doit au
fermier entrant une indemnité, qui se règle
à dire d'experts.

Dans aucun cas, le fermier ne peut après sa sortie procéder aux coupes qu'il n'a pas faites pendant sa jouissance.

Le bail des vergers d'oliviers commence à la Noël et est censé fait pour deux ans, car il est reconnu qu'ils ne produisent que de deux années l'une, c'est-à-dire l'année où ils n'ont pas été émondés. Or l'émondage se répète de deux ans en deux ans, et si le bail ne durait qu'un an ou durait un nombre impair d'années, il arriverait que les émondages que le fermier aurait à faire ne seraient plus en proportion des récoltes qu'il percevrait. Mais s'il s'agissait d'un domaine contenant plusieurs vergers mis par l'émondage en soles différentes et à peu près égales, le bail ne devrait être censé fait que pour un an, parce qu'en ce cas le fermier recueillerait tous les fruits de l'héritage loué.

La récolte des olives appartient au fermier sorti au mois de juillet ou de novembre, parce que les olives ne sont mûres et ne peuvent être cueillies qu'après la Toussaint.

Le fermier à rente fixe comme celui à mi-fruits doit fumer les oliviers tous les deux ans. De plus, il doit les chausser avant les grands froids et les déchausser à la fin de mars.

Le payement du fermage se fait en une

seule fois, terme échu. Pour les pièces détachées, telles que garances, luzernes, vignes,
etc... ce fermage se paie toujours le premier
novembre. Le fermage est toujours porta-
ble au domicile du propriétaire, à moins
de conventions contraires. Il en est de même
des *outres* ou accessoires du prix de ferme, qui
sont toujours en nature. Ces redevances que le
fermier ou le métayer doit donner en sus, en
outre du prix de ferme ou du partage des
produits (pour le bail à mi-fruits), consistent
en volailles, lapins, douzaines d'œufs, légumes, etc.....

Les réparations locatives (indépendamment
de celles prescrites par la loi), et les travaux
d'entretien laissés à la charge du fermier sont
chez nous :

1° Le curage annuel des fossés d'arrosage,
mitoyens ou non, et de ceux servant à l'é-
coulement des eaux ;

2° L'entretien des chemins d'exploitation,
des ponts, des berges, des filioles d'arrosage,
des prises d'eau, des clôtures, des haies ;

3° Les réparations à faire, dans les étables, aux mangeoires et aux râteliers dégradés;

4° L'entretien de l'aire des granges ;

5° L'entretien des tonneaux, cuves et autres vaisseaux vinaires ;

6° L'entretien dans les moulins et les norias de tous les battants, tournants, travail-
lants, volants, cabestans, godets, chaînons et
autres appareils ; l'usage est de faire un état
estimatif à l'entrée et à la sortie du fermier :
la différence entre ces deux estimations est
comblée en argent par qui de droit ;

7° L'échenillage. Chaque année un arrêté
du préfet de Vaucluse oblige les usufruitiers,
fermiers, régisseurs, etc..., à écheniller du
1er au 31 mars, les arbres, arbustes, haies et
buissons existant sur leurs propriétés et les
invite à prendre des mesures pour la destruction des hannetons ou de leurs larves. Ils
doivent, de plus, brûler immédiatement les
bourses et les toiles arrachées des arbres,
haies et buissons, et ce, dans un lieu où il n'y
ait aucun danger de communication de feu
aux bois ou aux habitations. Si ces prescriptions ne sont point suivies, les maires ont le
droit de faire opérer l'échenillage par des
ouvriers à leur choix, aux dépens des contre-
venants à l'arrêté préfectoral ;

8° Le remplacement et l'émondage des arbres fruitiers et autres, ainsi que des ceps de
vignes qui périssent. Les arbres qui viennent
à mourir pendant la durée du bail doivent
être abattus par le fermier. Le tronc appar-

tient au propriétaire. Le fermier doit le lui porter à son domicile ; il profite des branches et des racines.

9° Le remplacement des mûriers morts : le fermier plante le sujet nouveau, que le propriétaire lui fournit ;

10° Le fermier est tenu de transporter gratuitement les matériaux nécessaires pour les réparations des bâtiments de ferme. Mais, il ne doit plus le charroi, s'il s'agit de constructions nouvelles ou de grosses réparations.

Lors même qu'il n'y a pas eu d'état des lieux dressé, à l'entrée en jouissance, le fermier doit, à sa sortie, laisser les lieux dans l'état où il les a trouvés. L'usage le plus général est d'exiger que les réparations locatives soient faites annuellement et toujours avant la sortie du fermier.

Indépendamment des arbres mis en remplacement de ceux morts ou arrachés, si le fermier sortant a planté des arbres dans le domaine ou dans la terre, le propriétaire peut l'empêcher de les arracher et les retenir, en remboursant le prix des plants et en payant le travail nécessité par la plantation. (Cet usage est d'ailleurs conforme à l'article 555 du Code civil). L'indemnité est réglée de la manière suivante pour les plantations dans les clos et vergers : on donne 50 centimes par pied d'arbres et 25 centimes par pied de vignes, reconnu raisins de tables.

Il existe cependant une exception pour les pépinières créées par le fermier. Comme ils ont été plantés dans un but de spéculation et constituent un produit, les arbres des pépinières ne peuvent être retenus par le propriétaire du fonds, même en payant au fermier le prix des plants et la main-d'œuvre.

Les sarments provenant de la taille des vignes appartiennent au fermier entrant qui est chargé de la taille.

Les congés doivent être donnés un an et un jour à l'avance. Les baux verbaux ne cessent jamais de plein droit ; cet usage est en opposition avec la loi qui veut (art. 1775) que le bail cesse de plein droit à l'expiration du temps pour lequel il a été fait, selon l'article 1774.

Néanmoins, chez nous, le fermier prévient le propriétaire ou est prévenu par lui, pour la sortie, au moins un an et un jour à l'avance. Cette pratique constante, qui était suivie dans notre région méridionale avant la promulgation du Code, s'est maintenue ;

elle a l'avantage de permettre aux propriétaires et aux fermiers d'être fixés sur ce qu'ils
ont à faire avant l'expiration du bail, mais
en l'état de la législation actuelle, elle n'est
pas obligatoire.

D'ailleurs, en examinant bien cet usage
qui, au premier abord, paraît contraire aux
prescriptions du Code civil, il résulte des
termes mêmes de l'article 1774 que le législateur n'a entendu ne réduire la durée des
baux verbaux à un an que pour les fonds
dont les fruits se recueillent en entier dans le
courant de l'année, et qu'il a voulu laisser
aux baux des autres fonds une durée suffisante pour que le preneur puisse recueillir
tous les fruits qu'ils peuvent produire, d'a-
près les cultures et les procédés agricoles de
chaque localité. C'est pour cela que le même
article ajoute que le bail des terres laboura-
bles (dont néanmoins les fruits se recueillent
dans l'année), lorsqu'elles se divisent par
soles ou saisons, est censé fait pour autant
d'années qu'il y a de soles.

Le fermier doit vider les lieux le jour
même de l'expiration du bail à midi. Mais,
si le bail expire à la Madeleine, l'usage est
de lui laisser jusqu'à la Toussaint pour la
récolte de la garance. Pour les luzernes, l'u-

sage veut que si la quatrième coupe n'est pas prête à la Madeleine, le fermier ait huit jours de plus pour la faire dans un état de complète maturité. Néanmoins, le fermier sortant doit laisser à son successeur la faculté de semer les terres libres de récoltes.

Il est reconnu dans notre territoire que le fermier sortant ne doit pas laisser des terres ensemencées dont son successeur fera la récolte à moins qu'il n'en eût reçu lui-même à son entrée en jouissance, mais cela n'arrive presque jamais.

On doit, lorsqu'on fait de la garance et de la luzerne, laisser libre un espace d'au moins deux mètres en tout sens du pied des mûriers.

Le silence des parties en fin de bail donne lieu à la tacite reconduction qui fait continuer le bail aux mêmes conditions. C'est là, il est vrai, une coutume qui est en opposition avec l'article 1776 qui veut que le bail continue suivant l'article 1774, lorsque le fermier reste et est laissé en possession, à l'expiration du bail ; mais il faut voir là surtout une question de bonne foi et si, par leur manière d'agir, les parties montrent que leur commune intention a été de suivre l'usage reçu, on doit, le cas échéant, admettre la tacite reconduction comme la chose la plus naturelle et la plus juste.

Donc, pour faire cesser le bail, il faut que l'une des parties donne congé à l'autre. Tant qu'il n'y aura pas de congé signifié, il s'opèrera un nouveau bail, qui durera encore un an, et ainsi de suite.

Le fermier sortant doit accorder au fermier qui le remplace toutes les facilités nécessaires à l'exploitation du domaine, et réciproquement le nouveau fermier doit à celui à qui il a succédé les mêmes facilités pour la perception des récoltes à faire.

Le fermier entrant qui reçoit les engrais, pailles et poussiers, en doit à sa sortie une égale quantité sans indemnité. Cette quantité est ordinairement déterminée par un état estimatif dressé au commencement du bail. Mais s'il n'avait pas été fait d'état, il devrait tout laisser.

Mais le fermier qui n'a rien reçu, peut-on le forcer de céder, moyennant indemnité, tous les engrais de l'année, trouvés sur la ferme ? Un usage conforme à l'esprit de la loi veut que le propriétaire n'ait la faculté de retenir que les engrais fabriqués avec des matériaux provenant du sol affermé ; ainsi les fumiers d'écuries ou d'étables, les végétaux stratifiés, les feuilles des arbres, les cendres de four et de foyer, la vase extraite des égouts et fossés, les déjections des pigeons et animaux de basse-cour, peuvent être retenus suivant estimation. Il n'en est pas de même des cendres achetées par le fermier ; de la chaux, à moins qu'elle ne soit mélangée avec de la terre ; de la trouille et autres engrais chimiques qui ont une origine étrangère à l'exploitation.

Le fumier provenant de l'exploitation ne doit, dans aucun cas, être emporté hors du domaine par le fermier ou le métayer.

Quant aux foins, il faut distinguer si l'époque de l'entrée en jouissance est postérieure ou antérieure à la récolte. A l'époque de l'entrée en jouissance, on évalue ordinairement la quantité de foin que le fermier reçoit ; il en doit une quantité égale à sa sortie et peut disposer de tout le surplus. A défaut d'évaluation, tout le foin appartient au fermier sortant, et, de même que lorsque le fermier n'a pas reçu le foin, il ne peut être contraint de le laisser, même avec indemnité ; ainsi donc, on n'applique pas au foin les dispositions de l'article 1778 du Code civil.

Lorsque l'expiration du bail a lieu postérieurement au 22 juillet, le fermier sortant

fait la récolte des vignes et celle des autres
fruits des arbres ; dans tous les autres cas,
cette récolte appartient au fermier entrant, à
moins que son prédécesseur, par convention
particulière, n'y ait droit et ne l'ait pas recueillie à son entrée. Mais le fermier sortant,
qui laisse la récolte des vignes, n'en doit pas
moins faire les façons nécessaires.

§ II. — DU BAIL A MOITIÉ FRUITS

Ce bail a toujours été plus en usage dans
le Comtat que chez nous; cependant aujour-
d'hui il entre davantage dans nos mœurs agricoles, à cause de la crise que subit notre région.

Le bail à mi-fruits a une durée de trois,
six ou neuf ans. Il commence comme le bail
à rente fixe, à la Madeleine (22 juillet), ou à
la Toussaint, et finit à la même époque.

Les semences sont fournies par moitié :
quelquefois, par exception, le propriétaire
fait au fermier ou *métayer* les avances des
semences et il les prélève avant partage, au
moment de la récolte.

Si, par suite d'inondation, les semences
sont perdues, de nouvelles semences sont
fournies par moitié.

Nous devons cependant faire observer que, dans l'île de la Barthelasse, un usage tout particulier veut que les semences de toutes sortes soient toujours fournies par le fermier, mais si les semences de blé ou d'avoine viennent à périr par inondation, le propriétaire contribue pour moitié au nouvel ensemencement, mais seulement à la deuxième submersion; quelquefois même dans certains domaines ce n'est qu'à la troisième submersion que le propriétaire intervient. D'où il suit que le fermier court seul des risques considérables ; cet usage est pourtant contraire aux caractères mêmes du bail à mifruits, dans lequel le propriétaire et le métayer doivent également supporter les pertes et le profit.

Le tourteau, la trouille et les autres engrais que l'on emploie dans l'exploitation du domaine sont fournis par moitié. La paille et le fumier, produits de la propriété, ne peuvent en être divertis.

Le métayer fournit tout ce qui est nécessaire à l'exploitation, animaux et instruments aratoires, excepté les claies et le matériel de la magnanerie. Tous les travaux agricoles, toutes les cultures sont faites par le métayer à ses frais. Il ne commence à moissonner et à

battre le grain qu'après en avoir prévenu le
propriétaire; il ne doit pas dépiquer ailleurs
que dans l'aire de la ferme. Toutefois, les
frais d'extraction de la garance sont supportés pour un tiers par le propriétaire et les
deux autres tiers par le fermier.

Les garances doivent être sarclées, mais
seulement la première année, aussi souvent
qu'elles en ont besoin. Les sarclages, quel
qu'en soit le nombre, sont à la charge exclusive du fermier.

Le bail à mi-fruits ayant les caractères
d'une association dans laquelle le propriétaire apporte son capital représenté par la
terre et le fermier son travail, toutes les récoltes se partagent par moitié , le métayer
ne peut disposer de sa portion qu'après le
partage, et doit transporter au domicile du
propriétaire ou au marché la part qui lui revient.

Le produit de la basse-cour est ordinairement partagé par moitié ; toutefois, pour
certains domaines, on stipule des *outres :* le
métayer doit donner une douzaine d'œufs
par chaque poule, une paire de poulets par
couvée et cinq jeunes lapins par mères en-
tretenues dans le domaine.

Le propriétaire paie les taxes d'arrosage et

les redevances syndicales ; il fournit les plants pour le remplacement des arbres morts.

S'il a été convenu que le maître fournira du fumier ou des engrais, ou si, sans convention expresse, il en fournit, le métayer doit en faire le charroi à ses frais.

Les pertes sont toujours supportées par moitié, à moins qu'elles ne proviennent de la faute du preneur. Le métayer ne peut jamais prétendre à aucune indemnité, quelle que soit la diminution éprouvée dans les récoltes.

Ordinairement, les fruits provenant des arbres d'un jardin fruitier sont réservés au propriétaire. Le métayer doit tailler les arbres périodiquement; il profite du bois. Il ne peut arracher les arbres morts qu'en avertissant le propriétaire; il profite des branches et des racines, mais le tronc appartient au propriétaire ; le métayer doit le lui porter à son domicile.

Le fermier n'a rien à prétendre sur l'arbre vivant que le maître fait arracher à ses frais ; mais s'il en résulte une perte ou un dommage pour les récoltes, il a droit à une indemnité.

Chaque année, le métayer doit tailler la

vigne ; les sarments sont partagés et sont liés aux frais du fermier. Le propriétaire fait tailler et cultiver à ses frais les nouvelles plantations de vignes pendant trois ans, c'est-à-dire jusqu'à ce qu'elles soient en rapport. Dans quelques domaines, le métayer qui plante une vigne la cultive et ne doit aucun fermage pendant cinq ans ; mais à dater de la sixième année les fruits se partagent.

Le bois provenant de l'émondage des arbres et des haies appartient au métayer comme au fermier à rente fixe. Pour ce dernier, il représente un produit et pour l'autre, on a admis, de tout temps, que la valeur du bois représentait à peu près la valeur du travail exigé par la taille ou l'émondage. Toutefois, il n'en est pas de même pour l'ébranchement dit cèpe des saules ; les barres en provenant sont partagées par moitié.

Les sujets des saules et peupliers à planter doivent être pris, avant tout partage, sur la cèpe.

Les mûriers qui doivent être taillés la dernière année d'un bail, sont taillés par le fermier sortant, au plus tard à la Saint-Jean (24 juin).

Le bois provenant de la taille des mûriers reste, sans partage, au fermier.

La feuille de mûrier, en sus de la cueillette pour les vers à soie, est ramassée aussi par le fermier avant la deuxième maturité, c'est-à-dire vers la Saint-Michel. Elle est engrangée et donnée aux bestiaux pendant l'hiver.

La cueillette des feuilles des jeunes plants de mûriers ne doit se faire qu'après la troisième année de leur plantation.

Tout ce que l'on est obligé d'acheter ou de louer pour l'exploitation de la métairie, en dehors des instruments aratoires ou de charroi, est payé moitié par le propriétaire et moitié par le métayer; il en est de même de la feuille de mûrier qui pourrait manquer à l'éducation des vers à soie après consommation de celle produite par la ferme.

Relativement aux vers à soie que l'on fait à demi dans les métairies, tout ce qui est nécessaire à leur éducation : graine, claies ou *canisses*, charbon, bois, etc., se paie ou se loue de moitié. La feuille qui pourrait être nécessaire, si celle du domaine ne suffisait pas, s'achète de moitié.

Si, une fois l'éducation terminée, il reste une certaine quantité de feuilles, on la vend et on partage le prix par moitié si le fermier l'a recueillie ; le propriétaire aurait droit aux deux tiers du prix si l'acheteur l'avait cueillie lui-même ; le fermier, dans ce cas, ne retirerait seulement qu'un tiers du prix.

Si l'on ne fait pas de vers à soie et que l'on vende la feuille, le prix se partage dans les mêmes proportions, et le fermier doit la porter au marché. Mais le fermier n'est pas tenu de la transporter en dehors d'un rayon de 16 kilomètres du domaine.

Dans l'intérêt du propriétaire comme dans celui du métayer, nos usages exigent que celui des deux qui veut faire cesser l'association prévienne l'autre un an à l'avance.

Le propriétaire a le droit, la dernière année du bail, de semer du sainfoin dans les blés du fermier.

Le métayer doit laisser, en sortant, les cultures qu'il a trouvées en entrant. En outre, il doit laisser toutes les pailles, fumiers et poussiers. Les pailles et autres litières doivent être converties en engrais et enfouies dans les terres du domaine.

Les fourrages sont partagés comme toutes les autres récoltes, et pour les années autres que la dernière année le métayer peut disposer de sa moitié.

Mais, la dernière année, il ne peut être sorti ni fourrages d'aucune sorte, ni fumiers, ni pailles, ni poussiers. La fane ou rame de garance est considérée comme fourrage.

Les fourrages sont estimés, et l'excédant sur la quantité que le métayer a trouvée en entrant lui est payé au prix courant.

Nous devons cependant faire observer que, pour les terres isolées ou pièces détachées, qui ne font pas partie d'une exploitation, le métayer n'est pas obligé de laisser la dernière année les pailles et foins ; on les partage par moitié.

Question XVIII

A quelle époque se louent habituellement les domestiques pour les maisons et pour les fermes ?

Sont-ils gagés à l'année de manière qu'ils ne puissent quitter qu'au terme convenu, ou, au contraire, le sont-ils à tant par an, de telle sorte que la volonté de l'une des parties suffise pour résoudre en tout temps le contrat de de louage, sans indemnité de part ni d'autre ?

Est-il d'usage dans ces différents cas de donner congé en temps déterminé d'avance ?

Si un délai existe, quel est-il ?

Qu'y a-t-il de particulier relativement au

louage des nourrices ? (*Articles 1780, 1135, 1159 du Code civil*).

Sous le terme générique de *domestiques*, on désigne toutes les personnes qui reçoivent des gages d'un maître pour lui rendre les services qu'il commande. On distingue ceux qui ne sont attachés qu'à la personne du maître (valets et femmes de chambre, cochers, cuisiniers et cuisinières, nourrices, etc.), de ceux qui sont destinés à la culture des terres (valets de ferme, laboureurs, moissonneurs, faucheurs, vendangeurs, magnaniers, vignerons, bergers, jardiniers, etc).

A Avignon, les domestiques attachés à la personne sont généralement loués au mois et non à l'année : ils entrent en condition à toutes les époques indistinctement. Leurs gages se paient le mois révolu.

Les congés se donnent réciproquement en se prévenant huit jours d'avance, peu importe l'époque du mois à laquelle on se trouve ; car, quoique payés à raison de tant par mois, les domestiques ne sont pas irrévocablement engagés pour un mois (1).

(1) L'usage des congés en cette matière du louage des services a, chez nous, son origine dans un arrêt de règlement du Parlement de Provence, en date du 12 octobre 1722.

Le domestique congédié immédiatement et sans motifs a droit à ses gages pendant les huit jours de congé, à moins que son renvoi n'ait été motivé sur des causes graves ; et réciproquement, le domestique, qui, sans donner congé, quitte son maître, perd le prix de huit jours sur ses gages acquis. Cependant, le domestique peut partir sans délai, en tenant compte du salaire d'un homme ou d'une femme de journée, suivant son sexe.

Nos Statuts (livre 1, Rub. 31, article 2) étaient d'une rigueur excessive pour les domestiques qui, sans motif raisonnable, quittaient leurs maîtres avant la fin du temps convenu ; ils perdaient le salaire de tout le temps qu'ils avaient servi, et s'ils l'avaient reçu par avance, ils étaient obligés de le restituer au maître.

Tous les domestiques sont hébergés et nourris ; ils ont droit au blanchissage de leur linge.

Ils doivent, avant leur sortie, laisser visiter leurs malles et leurs effets.

Enfin, l'usage veut que le maître supporte les frais de voyage du domestique qu'il appelle du dehors ; il doit même payer le retour, s'il le congédie après un court service et sans un motif grave.

Dans le territoire d'Avignon, les domestiques pour la culture des terres et les travaux
de la campagne sont loués à l'année. Car la
nécessité de faire les travaux agricoles dans
un temps et dans un ordre déterminés a introduit l'usage de les loüer pour un temps
fixe ; on les règle à la fin de l'année.

A l'exception de ceux pris en été qui sont
au mois, ils sont gagés à tant par an ; de
telle sorte qu'une compensation se trouve
établie entre les mois d'été et les mois d'hiver, dont le salaire est moindre. Ainsi, par
exemple, si le domestique entré à la Toussaint, quitte ou est renvoyé à la fin des trois
mois d'hiver (novembre, décembre, janvier),
il ne lui est dû aucun salaire, car il a gagné
seulement sa nourriture et son entretien ; au
contraire, s'il quitte ou est renvoyé après cette
époque, il a droit à un salaire et on calcule
ce qui lui revient par mois ou par jour.

Autrefois, il y avait une époque fixe pour
l'entrée en service des domestiques agricoles ; c'était la Saint-Jean ou la Toussaint ;
mais aujourd'hui ils entrent à toutes les époques indistinctement. On les prend tantôt au
moment des semences, tantôt au moment de
la moisson. Du reste, il est des domestiques
qu'on ne loue que pour une saison ou pour

le temps des travaux auxquels on les destine, par exemple, pour l'éducation des vers à soie, la récolte des foins, les vendanges, etc.; ils doivent, en conséquence, rester jusqu'à ce que ces travaux soient terminés, et sont ordinairement payés à tant par jour. Les journaliers qui arrachent la garance se louent le dimanche, pour toute la semaine, mais pas au-delà, car le prix des journées varie souvent d'une semaine à une autre.

Quant aux domestiques payés à raison de tant par an, ils ne sont pas irrévocablement engagés pour un an ; ils peuvent quitter leur maître, et réciproquement leur maître peut les renvoyer, à la condition de se prévenir un mois ou une quinzaine au moins à l'avance; néanmoins l'on se conforme généralement peu à cet usage.

Il importerait cependant que les conventions arrêtées entre le maître et le domestique loué pour la culture fussent scrupuleusement observées. L'engagement est censé fait pour un an; il ne doit pouvoir être rompu dans le cours de l'année sans indemnité, soit de la part du domestique, soit de la part du maître. Malheureusement il existe dans nos campagnes un abus déplorable auquel il faudrait remédier: les valets de ferme, pour une

légère augmentation de salaire, compromet-
tent souvent par leur retraite intempestive
les récolte et les travaux agricoles; quelquefois même, certains maîtres renvoient leurs
garçons de ferme, sur les motifs les plus fri-
voles, lorsqu'ils n'ont plus le même intérêt à
les conserver.

Le domestique de ferme qui sort de chez
son maître sans motifs légitimes, comme l'ouvrier qui s'est engagé à faire tel ou tel travail
et qui l'abandonne avant qu'il soit achevé,
sont passibles de dommages-intérêts envers
celui auquel ils ont engagé leurs services,
suivant la règle générale que tout fait qui
porte préjudice à autrui doit être réparé, et
que cette réparation se résout en dommages-
intérêts, l'auteur du préjudice ne pouvant
être contraint par corps à l'exécution de son
engagement (1). Réciproquement, le maître
auquel les services ont été engagés, ne peut,
sans motifs légitimes, renvoyer le domestique
avant l'expiration du temps de l'engagement,
sans être tenu à des dommages-intérêts envers lui.

Mais, il faut le reconnaître, cette faculté
de poursuivre la réparation du préjudice par

(1) Les Statuts d'Avignon (livre I, Rub. 31) avaient
réglementé en ce sens le louage de services.

le paiement de dommages-intérêts est le plus souvent illusoire, en raison de l'insolvabilité des domestiques, qui abusent sciemment de leur position. Cependant, la question du louage des services est d'une importance majeure pour l'agriculture, et l'application d'une légère peine corporelle pourrait seule, croyons-nous, empêcher la désertion subite des domestiques loués pour la culture.

Outre les serviteurs à gages, on emploie dans nos campagnes des ouvriers qui louent leurs services au jour le jour, qu'on nomme *journaliers*. Chaque soir le maître est libre de renvoyer le journalier et celui-ci de le quitter.

S'il a été convenu du prix de la journée, cette convention est la loi des parties : à défaut d'accord sur ce point, on est censé avoir stipulé le prix courant du jour.

Nos Statuts (Livre I, Rubr. XXXII, art. 3) contenaient relativement aux ouvriers cultivateurs les dispositions suivantes, que l'usage a consacrées : « Les vignerons et tra-
« vailleurs des champs seront tenus de pres-
« ter fidèlement leurs œuvres et travailler
« onze heures entières aux mois de mai,
« juin et juillet; et aux mois d'août, septem-
« bre, octobre, février, mars et avril, du-

« rant neuf heures entières ; et aux mois de
« novembre, décembre, janvier, durant sept
« heures entières, sous peine de perdre leur
« salaire..... »

La journée de travail des journaliers cultivateurs va, en hiver, du lever au coucher du
soleil. Pendant le printemps, l'été et l'automne, la journée se compte de six heures du
matin à six heures du soir, jusqu'à l'époque
où le soleil se lève après six heures et se
couche, le soir, avant six heures.

A partir du printemps jusqu'au 1er octobre, les journaliers prennent habituellement
deux heures pour leurs repas, soit de 9 heures à 10 heures, et de deux heures à trois
heures. Pour les moissons, ils font trois repas ; ils ont deux heures à midi, dont une
pour leur repas et l'autre pour se reposer ou
dormir.

Les laboureurs ont deux heures libres par
repas, de 9 à 11 heures et de 2 à 4 heures,
le printemps, l'été et l'automne ; en hiver,
ils ont deux heures seulement de 11 heures
à une heure.

Quand il s'agit d'ouvriers loués à la journée, à la semaine ou au mois, que le mauvais
temps aura empêchés de travailler, il est d'u-
sage de ne leur payer que le temps pendant

lequel ils ont travaillé. Ainsi, s'ils ont travaillé un quart ou un tiers de jour, on leur paie un quart ou un tiers du salaire promis pour la journée entière. Mais, si c'est par la faute du maître que l'ouvrier n'a pas pu travailler, le maître doit payer la journée entière.

Les gages ne sont dus qu'au *prorata* du travail.

Le contrat de louage de services peut être rompu par force majeure, par une maladie ou un accident qui empêche le domestique de continuer son service ; dans ce cas, il est évident qu'il n'est tenu à aucune indemnité, comme lorsqu'il est appelé pour le service militaire.

Les maladies des domestiques donnent lieu à deux questions : la première est celle de savoir si le maître doit en payer les frais; mais la loi et l'usage veulent que le maître n'en soit pas tenu, à moins que la maladie n'ait sa cause dans l'exécution même du service. (1)

La seconde question consiste à savoir si le maître peut déduire sur les gages, le temps

---

(1) A l'égard des tiers, le maître est responsable des médicaments fournis au domestique, à son vu et su, par la raison que le fournisseur est présumé avoir suivi la foi du maître plutôt que celle du domestique.

de la maladie. Si la maladie dure peu de jours, on ne retient rien au domestique ; mais si une longue maladie prive le maître de ses services, celui-ci peut lui retenir une partie de salaire proportionnée à la durée de la maladie ou lui faire payer le journalier qui l'a remplacé.

Généralement les frais de maladie du domestique attaché à la personne sont supportés par le maître, lorsqu'il le garde et le fait soigner dans la maison.

Remarquons ici que la question dépend beaucoup des circonstances, des ressources du maître, de la conduite du domestique, de la cause de sa maladie. Heureux le domestique qui n'a pas à faire résoudre de semblables questions ! Plus heureux encore le maître qui n'a pas à s'en préoccuper !...

Ce que nous venons de dire ne regarde que les domestiques attachés à la personne, car il est d'usage que les valets de ferme, loués à l'année ou au mois, réparent le temps pendant lequel ils ont été malades.

Les nourrices sont gagées au mois.

Nos Statuts (Livre I, Rub. XXXI, art. 3) exigeaient que les nourrices *principalement* servissent leur maître jusques à la fin du temps convenu, sous peine de perdre leurs gages.

Les nourrices dans la maison sont en tous points assimilées aux domestiques attachés à la personne. Elles ne s'occupent que de leur nourrisson.

Quand elles nourrissent au dehors, elles reçoivent chaque mois, indépendamment du prix convenu et payé d'avance, une certaine quantité de savon et de sucre.

Le délai réciproque pour donner congé est de huit jours.

Si, avant l'expiration du mois, le nourrisson lui est enlevé, la nourrice a néanmoins droit au payement intégral du mois.

Question XIX

Le glanage, le râtelage et le grappillage s'exercent-ils pour certaines récoltes, et à quelles conditions ? (Art. 24, titre II, loi du 28 septembre-6 octobre 1791).

Il est d'usage constant et uniforme, dans le territoire d'Avignon, de tolérer le glanage des céréales après la formation des gerbiers vulgairement appelés *marres*, le grappillage dans les vignes après les vendanges et le râ-

telage dans les prés et luzernes après l'enlèvement des coupes. (1)

Le grappillage des olives est également to-
léré après la cueillette que l'on fait aux environs de la Saint-Martin (11 novembre).

Un règlement du vice-légat d'Elci, en date
du 5 août 1720, avait fixé à cette époque la
récolte des olives, afin d'empêcher l'entrée
dans les olivettes en tout autre temps. Le
grappillage des olives ne peut avoir lieu que
dans les vergers totalement cueillis, sans
qu'on puisse jamais entrer dans les terres semées et les guérets.

Il ne sera pas inutile, croyons-nous, de
faire observer ici que le glanage, le râtelage et
le grappillage sont interdits aux personnes va-
lides et sont permis seulement aux indigents
âgés, aux infirmes et aux enfants ; cela résulte d'anciens règlements toujours en vigueur et particulièrement de l'article 10 d'un
édit du 2 novembre 1554, qui réserve l'exercice du droit de glanage « aux gens vieils et
« débilités de membres, petits enfants ou
« autres personnes qui n'ont pouvoir ni

---

(1) La loi permet aux indigents de glaner, de ra-
teler et de grappiller, mais elle n'ordonne pas au
propriétaire de laisser des épis à glaner, des raisins
ou d'autres fruits pour le grappillage, car elle n'a
pas entendu restreindre le droit de propriété.

« force de seyer, » c'est-à-dire de moissonner. Un arrêt de la Cour de Cassation, en date
du 10 juin 1843, a maintenu et consacré ces
anciennes dispositions.

J.-F. Bonet de St-Bonet, dans son ouvrage déjà cité, reconnaît que le glanage des
productions du sol et le grappillage étaient, de
son temps, tolérés après les récoltes : *Race-
matio pauperibus jure diurno permittitur
plane... Politica tolerat has racemationes et
pasturagium in fundis, post fructuum collec-
tionem* (1).....

D'ailleurs, nous trouvons dans nos Statuts
et dans plusieurs ordonnances de nos vice-
légats des dispositions qui sont le fondement
de nos usages dans cette question.

La publication d'un ban pour le grappillage
était autrefois en usage chez nous.

Les *Statuts de la cité d'Avignon* (Livre III,
Rubrique VI, art. 4), portent : « Ne sera
« loisible à personne de cueillir les grappes
« laissées par les vendangeurs, soit, comme
« on dit vulgairement, de rapuguer avant la
« criée qui a coutume de se faire après les
« vendanges. »

Les grappilleurs ne peuvent entrer dans les

_____

(1) *Tractatus de animalibus, curribus et plaustris*,
cap. XXXVII, num. 81, — cap. XLIII, num. 2.

vignes qui ne sont pas totalement vendan-
gées.

Il est interdit aux glaneurs de toucher aux
marres ou gerbiers ; ils doivent s'en tenir
constamment éloignés.

Nous devons faire remarquer que les anciens Statuts de l'Isle (num. 6), défendent
aux habitants de « faire paître dans les es-
« toubles de tous grains avant la Madeleine,
« soit que les possessions leur appartiennent
« ou non, pour donner le temps aux pauvres
« de ramasser les épis qui restent après la
« moisson. »

Autrefois le râtelage était interdit chez
nous. Un règlement du vice-légat Cenci, en
date du 15 mai 1686, défendait « à toutes per-
« sonnes, tant grands que petits, autres que
« les propriétaires ou leurs fermiers, d'aller
« *râteler* foins, luzernes et autres herbes
« dans les prés et autres propriétés du ter-
« roir d'Avignon, tant de jour que de
« nuit (1). »

Le glanage et le grappillage ne peuvent
avoir lieu que dans les propriétés non closes

---

(1) On trouve également dans le *Recueil de Massilian* un autre règlement du vice-légat Banchieri, en
date du 16 juillet 1703, confirmé et remis en vigueur
par le vice-légat Doria, le 3 mai 1709.

et pendant le jour. Le fait d'avoir glané ou grappillé avant le lever et après le coucher du soleil ou dans une propriété qui ne serait pas entièrement dépouillée de sa récolte constitue une contravention punissable de un franc à cinq francs d'amende. (Code pénal, art. 471, n° 10). Les maires règlent ordinairement les conditions du glanage et du grappillage, mais ils ne peuvent l'interdire dans les localités où les usages de glaner et de grappiller sont reconnus.

Mentionnons, en finissant, l'article 22 de la loi du 1791 ainsi conçu : « Dans les lieux de parcours et de vaine pâture, comme dans ceux où ces usages ne sont point établis, les pâtres et les bergers ne pourront mener des troupeaux d'aucune espèce dans les champs moissonnés et ouverts que deux jours après la récolte entière. » Cette prohibition a eu pour but de réserver ces deux journées aux glaneurs ; la jurisprudence l'applique même au propriétaire du champ.

Question XX

L'usage d'un ban de vendanges existe-t-il pour les vignes non closes ?

Quel est le mode de culture usité pour la vigne ? Quel nombre de façons les vignerons doivent-ils faire ?

(Art. 2, Section V, titre I, loi du 28 septembre-6 octobre 1791).

Le ban de vendanges était autrefois en usage chez nous, et chaque année l'autorité municipale fixait par un arrêté l'ouverture des vendanges ; mais, en 1831, le Conseil municipal d'Avignon a supprimé le ban de vendanges, comme contraire aux droits et aux intérêts des propriétaires.

La question relative au mode de culture des vignes n'est pas spéciale à notre territoire, elle s'applique à tout le département de Vaucluse.

Le fermier doit tailler la vigne chaque année , en laissant un œil et le sous-œil, à moins que le propriétaire ne veuille un mode de taille différent.

Toutes les façons se font à la journée ou à prix fait : le métayage est peu pratiqué. Le prix de la journée est de 2 fr. 50 c., 2 fr. 75 c. et 3 fr., du lever au coucher du soleil.

Comme le vigneron n'a aucun intérêt dans le produit, les vignes sont généralement très peu soignées dans Vaucluse, lorsqu'elles

ne sont pas cultivées par les mains du vigne-
ron-propriétaire.

On fume peu les vignes chez nous, pour
ne pas dire qu'on ne les fume jamais.

Les cultures se font à la main ou à l'a-
raire, selon la nature du terrain.

Depuis plusieurs années, on a introduit
dans notre département la culture par les
charrues-bineuses pour la vigne. Toutefois,
ce mode de culture ne peut remplacer les cultures à bras que si le propriétaire y consent.

On donne ordinairement trois cultures :
une première façon en février, à la fourche,
au louchet ou à l'araire ; — une seconde en
mai, à la bêche ou à la houe, et de plus on
enlève les bourgeons à la tige; — une troisième, fin juillet ou au commencement
d'août, également à la bêche ou à la houe.

En terminant cet exposé de nos usages et
règlements locaux qui n'est autre que le ré-
sultat de nos constatations et de nos recherches, il nous reste à former un vœu : celui
de voir le même travail exécuté pour les autres cantons de notre département. Ce serait
un véritable service rendu à nos populations,
car on aurait de cette manière, sur l'ensemble des usages de Vaucluse, des notions pré-
cises qui permettraient d'en mieux juger le
mérite et l'utilité et d'examiner en même
temps si certains faits abusifs qui, sous le
nom d'usages, se dérobent à l'empire de la
loi commune, doivent être tolérés ou sup-
primés. En outre, ces divers recueils pourraient être de quelque utilité pour l'élabora-
tion du Code rural dont le projet doit être
soumis prochainement au Sénat et à la Chambre des Députés.

TABLE DES MATIÈRES

FIN DE LA TABLE

www.ingramcontent.com/pod-product-compliance
Lightning Source LLC
Chambersburg PA
CBHW072150270326
41931CB00010B/1949